주식유치원에서 배우는
주식투자 기초수업

주식유치원에서 배우는 주식투자 기초수업

—

2021년 6월 21일 1판 1쇄 발행
2023년 7월 20일 1판 3쇄 발행

—

지은이 주식유치원(김석민)
펴낸이 이상훈
펴낸곳 책밥
주소 03986 서울시 마포구 동교로23길 116 3층
전화 번호 02-582-6707
팩스 번호 02-335-6702
홈페이지 www.bookisbab.co.kr
등록 2007. 1. 31. 제313-2007-126호

—

ISBN 979-11-90641-51-7 (03320)
정가 17,000원

책밥은 (주)오렌지페이퍼의 출판 브랜드입니다.

주식유치원에서 배우는
주식투자
기초수업

주식유치원(김석민) 지음

책밥

주식유치원 입학사

"삼성전자 주식이 10만 원 간다는데, 삼성전자 주식 사려면 어떻게 해
야 돼?"

평생 주식투자를 한 번도 해 본 적 없는 장인어른께서 지난 여름 이렇
게 물어 오셨습니다. 작년 3월 코로나19 위기로 가파르게 하락했던 주가
가 빠른 속도로 회복하자, 주식투자에 관심을 갖는 사람이 부쩍 늘었고 장
인어른께서도 주식에 관심을 보이셨던 거죠. 소설책이 자리하던 대형서
점의 베스트셀러 자리에는 주식초보자를 위한 다양한 투자 관련 책이 자
리를 잡았습니다. 이러한 투자열풍은 출판업계는 물론이고, 유튜브에도
큰 영향을 미쳤습니다. 출퇴근길에 책 읽는 사람보다 유튜브를 보는 사람
이 많아진 트렌드를 반영하듯, 유튜브에도 주식투자 관련 채널이 많이 개
설되고, 특히 몇몇 유명한 경제/주식 유튜브 채널들은 구독자수도 크게
늘었습니다.

저 또한 주식투자 유튜브 채널을 운영하다 보니 이런 투자열풍을 몸소

느끼게 됩니다. 간혹 지인들이 주식에 대해 물어 보면, '혹시나 나의 조언이 금전적인 피해로 연결되면 어떡하지' 하는 걱정 때문에 '그 주식은 잘 모른다'고 상담을 완곡하게 거절하곤 합니다. 하지만 딱히 어디 물어 볼 곳 없는 지인들은 '그래도 네가 나보다는 많이 알지 않겠냐'며 질문을 이어 나가기도 하는데요. 상담할 곳이 없는 그들의 상황을 뻔히 알기에 일단 들어나 보자 하는 마음에 이야기를 들어 봅니다. 들어 보면 종목을 추천해 달라거나 이 종목을 샀는데 주가가 어떻게 될 것 같은지 등 종목에 대한 전망을 묻는 질문보다는 '주식계좌를 개설하고 싶은데 증권사를 찾아가면 되냐', '주식은 어떻게 사는 거냐'와 같이 단순하지만 기초적인 것들을 물어 보는 경우가 많았습니다.

한 번은 주식투자가 처음인 친구가 '테슬라 주식을 사고 싶은데 매수/매도 중에서 어디를 선택해야 하냐'고 묻더군요. 처음 투자하는 사람이라면 이러한 용어도 낯설게 느껴질 수 있겠다는 것을 그때 깨달았습니다. 그리고 생각했습니다. 이제 막 주식을 시작하는 제 친구들 같은 초보투자자를 위해 꼭 알아야 할 실용적인 지식과 투자의 기본 지식들을 알려 주는 책을 써야겠다고 말이죠.

이 책을 통해 투자에 필요한 기본적인 지식과 실용적인 정보를 배우기 전에, 초보투자자들이 조급한 마음을 갖지 않았으면 좋겠어요. 모든 배움에는 단계라는 것이 존재하잖아요. 이제 막 유치원에 입학한 어린아이에게 갑자기 대학교 논문을 쓰라고 하지 않는 것처럼요. 주식투자도 마찬가지입니다. 이제 막 주식투자를 시작하는 투자자에게 기업의 재무제표를 분석하고, 잉여현금흐름을 계산해서 기업의 가치를 평가하라고 하는 건 마치 유치원생에게 대학교 논문을 쓰라고 하는 것과 다를 바 없어요.

물론 유치원을 졸업하면 초등학교를 거쳐 중학교, 고등학교 그리고 대학교로 진학하는 것처럼, 주식투자자들도 주식투자에 대한 기본적인 지식들을 배우고 나면 점점 더 난이도 높은 투자 지식과 학습이 필요하게 됩니다. 하지만 초등학교를 건너뛰고 바로 대학교에 입학할 수는 없듯이, 기업의 가치평가를 배우기 전에 우리는 주식투자를 위한 가장 기초적인 것들을 학습하고 넘어 가야 합니다. 주식이란 무엇이고, 계좌개설은 어떻게 하고, 투자금은 어떻게 입금하며, 매매주문에는 어떤 방법이 있는지와 같은 기본적인 내용들을 말이죠.

  제 주변에는 지금껏 적금으로만 재테크를 하다가 처음으로 주식투자를 시작한 친구들이 많습니다. 그런 제 친구들이 이 책을 읽고 주식투자를 시작했으면 하는 마음에서 책을 썼습니다. 어린아이가 초등학교에 입학하기 전 유치원에 입학해서 사회생활에 필요한 가장 기초적인 지식들을 배우는 것처럼, 초보투자자들이 주식투자를 시작하기에 앞서 이 책을 통해 필요한 지식들을 쌓아 나갔으면 좋겠습니다.

주식유치원_야너주 김석민

차 례

주식유치원 입학사

 주식유치원 입학

주식유치원 1학년

3장 주식투자를 하기 위한 준비물, 주식계좌와 HTS

4장 주식매매 시작하기

5장 주식거래에서 놓치면 안 될 부분들

 **주식유치원 2학년**

주식유치원 3학년

주식유치원 졸업

주식유치원 졸업사

주식유치원
입학

이제 막 주식에 관심을 가진 투자자라면 얼른 주식을 사서 큰 수익을 내고 싶은 마음에 들뜨기 쉽습니다. 하지만 카드게임의 규칙도 모른 채 카드게임에서 이기기 어렵듯이, 주식투자 역시 투자에 필요한 기본지식 없이는 성공적인 투자를 하기 어렵습니다. 이번 장에서는 주식투자를 시작하기 전에 꼭 알아야 할 기본적인 지식에 대해 배워 볼 테니 투자의 알파벳을 배운다는 마음으로 차근차근 읽어 주면 좋겠습니다.

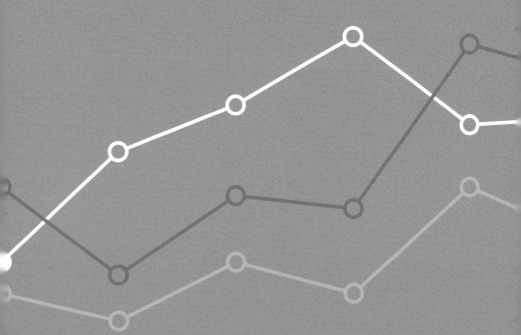

1장

가장 먼저 배워야 할
주식의 알파벳

이제 막 영어공부를 시작한 학생에게 문법책을 주면서 가정법이나 to부정사를 가르쳐 준다면 어떨까요? 알파벳도 모르는 학생이 to부정사를 이해할 수는 없을 겁니다. 영어를 어떻게 읽어야 하는지도 모르는 상황에서 이러한 공부는 의욕을 꺾고 영어를 포기하게 만들지도 모릅니다.

주식투자도 마찬가지입니다. 주식투자를 위해서 알아야 하는 지식은 수없이 많습니다. 주식을 매수할 때는 어떤 방법으로 주문을 넣어야 하는지, 주문을 넣으면 어떤 식으로 체결이 이루어지는지 등 매매에 필요한 방법론도 알아야 합니다. 기업을 분석하고 산업의 미래를 예측하는 공부 또한 해야겠죠. 그뿐만이 아닙니다. 현재 주식시장이 어떤 흐름이고 증시 주변 자금은 어떻게 움직이는지, 나아가 앞으로 경기가 좋아질지 등에 대해서도 분석해야 합니다.

하지만 이제 막 주식을 시작하려는 투자자라면 영어를 처음 배울 때 알파벳을 먼저 배우듯 주식투자의 알파벳을 먼저 배워야 합니다. 주식투자의 알파벳은 무엇일까요? 그것은 바로 주식투자의 본질적인 의미, 그리고 투자하는 돈에 대한 파악입니다. 주식이란 무엇인지, 상장주식과 비상장주식의 차이는 무엇인지, 주식시장이란 어떤 곳인지 알고 있어야 하죠. 또한 주식투자에 필요한 돈은 어떤 성격의 자금인지도 파악해야 합니다. 지금부터 주식투자의 알파벳에 해당하는 내용을 배워 보도록 하겠습니다.

너무나 쉽게 사고파는 주식, 그렇다면 주식이란?

주식투자의 알파벳

이제는 스마트폰만 있으면 언제, 어디서든 주식을 사고팔 수 있게 되었습니다. 2020년 1월 5일 한국거래소에 따르면 전체 주식거래량 중 모바일을 이용한 주식거래가 40.7%를 차지했다고 합니다. 주식을 언제 어디서든 쉽게 사고팔 수 있게 되면서 주식투자를 단지 싸게 사서 비싸게 파는 수익률 게임 혹은 도박으로 여기는 투자자도 늘고 있어요. 하루에 5% 수익률 혹은 5만 원 버는 것을 목적으로 주식을 샀다 팔았다 하는 투자 행태를 일컫는 '오치기'와 같은 신조어가 생기기도 했습니다.

하지만 주식투자를 단순히 주식을 싸게 사서 비싸게 파는 수익률 게임으로만 여긴다면, 주식의 기본적이면서도 본질적인 의미를 놓치게 됩니다. 투자의 대가들이 말하길 위대한 기업의 주주가 된다면 그 기업이 이루는 부를 함께 누릴 수 있다고 했습니다. 주주는 무엇이고, 어떻게 될 수 있을까요? 주식이 무엇인지를 알기 위해서는 주식회사 등 주식의 기본에 대해서 배워야 합니다.

① 주식회사

어떤 사업을 하기 위해 여러 사람이 함께 투자금을 낸 기업을 뜻합니다. 투자금을 낸다는 걸 경제용어로는 출자라고 합니다. 개인 사업이라면 출자금을 낸 사람이 한 명이겠지만, 여러 사람이 동업을 한다면 출자금을 낸 사람도 여러 명이겠죠.

② 주식

주식회사가 발행한 증서입니다. 이 증서를 가지고 있는 사람들을 기업의 소유자로 인정한다는 증표죠. 주식회사에 돈을 투자한 사람들은 돈을 투자한 만큼 그에 대한 증표로 기업의 소유권을 받게 됩니다. 그 소유권이 바로 주식입니다.

🌐 여기서 잠깐

주식과 증권의 차이는?

주식이 기업의 소유주를 인정하는 증표라면 증권은 재산에 대한 권리나 의무를 나타내는 문서를 뜻합니다. 즉, 주식은 증권의 한 종류입니다. 증권은 주식뿐만 아니라 어떤 재산에 대한 권리나 의무를 나타내는 문서를 모두 포괄하는 개념이에요. 예를 들어 채권, 백화점상품권 등도 증권입니다.

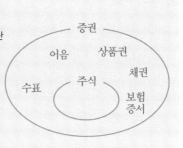

③ 주가와 액면가

주가란 주식의 1주당 가격을 말합니다. 주가는 주식시장의 수요와 공급에 의해 매일매일 변합니다. 반면 액면가란 주식의 표면에 표시된 가격을 뜻합니다. 기업이 처음 주식을 발행할 때 기준으로 정하는 가격이 바로 액면가입니다.

④ 주주

기업의 주식을 소유한 사람을 말합니다. 결국 주식을 산다는 것은 해당 기업에 투자금을 내고 주주가 된다는 뜻입니다. 주주에게는 여러 가지 권리가 부여됩니다. 기업의 주주총회에 참가하여 발언하는 발언권과 중요한 의사결정에 투표하는 의결권을 갖게 되고, 기업이 계속 성장해 돈을 많이 벌었을 경우 그 성과를 배당®받을 권리도 갖게 되죠.

> ● 짚어보기 기업이 사업으로 번 돈(수익)을 주주들에게 분배하는 것을 뜻합니다. 그렇게 분배한 돈(수익)을 배당금이라고 하는데 보통 현금으로 주는 현금배당이 일반적이지만, 때로는 주식을 나눠 주는 주식배당도 있습니다.

⑤ 주식투자

단순한 수익률 게임이 아니라, 본질적으로 내가 동업할 기업을 찾고 그 기업에 사업자금을 투자함으로써 향후 그 사업이 잘되었을 경우 이익을 향유하는 투자 활동을 의미합니다.

모든 기업의 주식을
살 수 있나요?

상장주식과 비상장주식

앞서 주식이란 주식회사의 소유권이라고 설명했어요. 그렇다면 모든 기업의 주식을 살 수 있을까요? 그건 어렵습니다. 주식을 사려면 해당 기업의 주주 중에 누군가는 그 주식을 팔아야 합니다. 세상은 넓고 기업은 많은데 특정 기업의 주주를 어떻게 알 수 있으며, 안다고 해도 그 사람이 주식을 팔려는 의사가 있는지 어떻게 확인할 수 있을까요?

주식의 수요자와 공급자가 어떤 시장에서 만나 거래를 한다면 이러한 어려움을 해결할 수 있을 겁니다. 그래서 생겨난 곳이 주식시장입니다. 주식시장에 들어가기 위해서 기업은 일정한 조건을 갖춰야 합니다. 그렇게 일정한 조건을 갖춰 주식시장에 들어간 주식을 사고팔 수 있는 것이죠.

① 상장주식

주식을 쉽게 사고팔 수 있도록 주식시장에 주식을 등록하는 것을 상장이라고 합니다. 한국거래소⁎의 심사를 통과한 기업만이 상장할 수 있습니다.

기업이 번거로운 절차와 심사를 거쳐 주식을 상장하는 이유는 사업을 운영하기 위해 필요한 자금을 마련할 수 있기 때문입니다. 주식시장에 처음 상장할 때 새로운 주식(신주)

● 짚어보기 대한민국의 금융거래소로 거래소시장의 개설과 운영, 증권의 상장 등 대한민국의 자본시장을 종합적으로 관장합니다.

을 발행하여 투자를 유치할 수 있고, 기존 주주들을 상대로 주식이나 채권을 발행하여 자금을 확보하기도 쉽습니다. 또한 주식시장에 상장된 기업들은 언론매체에 자주 노출되어 자연스럽게 홍보가 가능하고 이를 통해 인지도를 높일 수도 있습니다.

상장된 주식은 거래소가 운영하는 주식시장에서 거래되기 때문에 투자자 입장에서는 언제든 원할 때 주식을 사고팔기 쉽습니다. 또한 한국거래소의 상장심사를 통과했기 때문에 해당 기업이 기본적인 요건을 충족했다고 판단할 수 있습니다. 상장된 이후에도 거래소에서 투자자 보호를 위해 해당 기업에 투자와 관련된 중요한 정보들을 신속하게 공시⁎할 것을 요구하기 때문에 상장된 기업은 상장되지 않은 기업에 비해 정보 접근성이 높습니다.

● 짚어보기 사업내용이나 재무상황, 영업실적 등 기업의 내용을 투자자와 이해관계자에게 알리는 제도로 주식시장에서의 공정한 가격형성을 목적으로 합니다. 7장 참조

② 비상장주식

말 그대로 상장되지 않은 주식을 말합니다. 과거에는 거래 방법이 복잡하고 거래 자체도 많지 않았으나 최근에는 비상장주식을 거래할 수 있는 여러 가지 방법이 생겼습니다.

비상장주식은 상장주식과 달리 거래되는 시장의 규모가 작고 다양합니다. 금융투자협회에서 운영하는 K-OTC 시장이 가장 대표적이고, 이 외에도 비상장주식거래의 가장 오래된 역사를 자랑하는 사이트 '38커뮤니케이션즈', 두나무와 삼성증권이 협업하여 운영하는 애플리케이션 '증권플러스 비상장'과 유안타증권에서 운영하는 애플리케이션 '비상장레이더' 등을 이용해 비상장주식을 거래할 수 있습니다.

비상장기업이 주식시장에 상장하기 위해 일정한 법정 절차와 방법에 따라 일반 대중을 대상으로 주주를 공개모집하는 것을 기업공개(Initial Public Offering)라고 합니다. 일반투자자들은 공개모집(공모)에 참여함으로써, 신규로 상장되는 주식회사의 주주가 될 수 있는 것이죠. 이렇게 기업공개를 통해 상장되는 기업의 주식을 공모주라고 부릅니다. 주식시장에 새롭게 상장되는 공모주의 상장 초기 주가가 크게 상승하면서, 발 빠른 투자자들은 아직 상장되지는 않았지만 상장할 가능성이 높은 비상장주식에 관심을 갖기 시작했습니다.

그래서 주식시장은
어디로 가면 있죠?

코스피시장, 코스닥시장, 코넥스시장

주식회사 중에서 한국거래소의 심사기준을 통과한 기업만이 주식시장에 상장된다고 설명했습니다. 우리나라에는 총 3개의 상장시장이 존재하는데 바로 코스피, 코스닥, 그리고 코넥스입니다. 각각의 시장은 상장요건이 달라 거래되는 주식도 다릅니다.

① 코스피(KOSPI)시장

'유가증권시장' 혹은 '거래소시장'이라고 불리며 상장요건이 가장 까다롭습니다. 코스피시장의 상장요건에는 여러 가지가 있지만, 대표적으로 자기자본이 300억 원 이상이어야 하고, 매출액은 최근 1,000억 원 이상 또는 3년 평균 700억 원 이상을 기록해야 합니다. 코스피시장에는 삼성전자, SK하이닉스, LG화학, 삼성바이오로직스, 현대차 등 우리나라를 대표하는 우량기업이 주로 상장되어 있습니다.

② 코스닥(KOSDAQ)시장

중소기업이나 신생 벤처기업에 자금을 조달할 창구를 열어 주기 위해 설립된 시장입니다. 벤처기업이나 기술성장 특례기업 등, 매출액이나 이익, 자본금의 규모 면에서는 아직 코스피 기업들에 못 미치지만 성장성이 있는 기업들이 주로 상장됩니다. 미래의 이익이 크게 기대되는 제약바이오, 엔터테인먼트, 게임, 2차 전지, 5G 등이 코스닥시장을 대표하는 산업입니다.

③ 코넥스(KONEX)시장

중소벤처 기업들이 자금조달을 쉽게 함으로써 더 큰 벤처기업으로 성장할 수 있도록 돕고자 설립한 시장입니다. 많은 기업이 코넥스시장에서 원활한 자금조달을 통해 기업 규모를 키워 코스닥시장으로 이전상장을 하고 있습니다. 코넥스시장 역시 코스피, 코스닥시장에 상장된 종목처럼 주식시장이 열려 있을 때는 언제든 매매할 수 있지만 코스피, 코스닥시장보다 하루 거래량은 극히 적습니다.

　코스피, 코스닥 그리고 코넥스시장에 상장되어 있는 주식의 전체 종목수는 어디에서 볼 수 있을까요? 바로 한국거래소 통계시스템에서 확인할수 있습니다. 〈그림 1-1〉은 한국거래소 통계시스템에서 2021년 4월 29일기준으로 조회한 코스피, 코스닥, 코넥스시장의 상장종목 현황입니다.

| 그림 1-1 | 한국거래소 통계시스템 상장종목 현황 (2021.4.29 기준)

[42001] 종합정보(일)

쉽게 보는 통계 › 주요 통계 › 주식 › 종합정보(일)

조회일자 20210429
조회구분 ⦿ 상장정보 ○ 거래정보

조회

Close ×

상세보기 ⓧ 2021.04.29 PM 02:36:14 (20분 지연 정보)

천주 ▾ 백만원 ▾

구분		회사수	종목수	상장주식수	자본금	시가총액
유가증권시장						
	주권	781	899	56,250,067	114,437,688	2,205,631,849
	기업인수목적회사	0	0	0	0	0
	외국주권	1	1	99,455	0	365,001
	주식예탁증권(DR)	1	1	60,096	0	2,052,284
	투자회사	5	5	752,747	3,329,714	5,238,191
	부동산투자회사	13	13	878,748	729,630	4,866,594
	선박투자회사	3	3	44,394	221,971	93,399
	소계	804	922	58,085,507	118,719,003	2,218,247,318
코스닥시장						
	주권	1,417	1,420	43,740,251	18,758,069	402,305,599
	기업인수목적회사	57	57	273,255	27,326	608,801
	외국주권	13	13	1,231,881	0	820,863
	주식예탁증권(DR)	9	9	328,224	0	4,670,430
	소계	1,496	1,499	45,573,611	18,785,394	408,405,692
코넥스시장						
	주권	138	138	852,569	369,727	6,395,224
전체 합계		2,438	2,559	104,511,688	137,874,124	2,633,048,234

그렇다면 주식시장은 어디에 있는 걸까요? 주식시장도 동대문시장처럼 직접 방문해서 주식을 사고파는 걸까요? 아쉽게도 직접 방문해서 주식을 사고파는 시장은 더 이상 존재하지 않습니다. 우리나라에 주식시장이 처음 생겼을 때는 실제 종이 증권을 주고받았지만, 전자증권이 도입되면서 지금은 전자상으로만 증권거래가 이루어지기 때문입니다. 기업이 발행한 증권인 주식은 한국예탁결제원의 금고에 잘 보관되어 있죠.

다만 지금도 새로운 기업의 주식이 상장될 때에는 여의도에 있는 한국거래소에서 상장기념식을 해요. 기업의 대표이사와 한국거래소의 임직원들이 모여서 종이테이프를 끊고 벨을 울리는 장면을 본 적이 있나요? 오프라인으로 방문할 수 있는 주식시장은 더 이상 존재하지 않지만, 새로운 주식이 상장될 때 한국거래소에서 진행하는 행사만큼은 여전히 향수를 불러옵니다.

🏛 여기서 잠깐

미국의 주식시장에는 무엇이 있을까요?

① 뉴욕증권거래소(NYSE ; New York Stock Exchange)
전 세계 거래소 중에서 가장 큰 거래소입니다. 워런 버핏이 운영하는 버크셔 해서웨이, 뱅크오브아메리카, 코카콜라 등 미국을 대표하는 전통적인 기업들이 주로 상장되어 있습니다.

② 나스닥(NASDAQ)시장
미국의 기술혁신을 이끈 기업들이 주로 상장된 시장입니다. 나스닥을 대표하는 기업으로는 애플을 비롯하여 마이크로소프트, 아마존, 구글, 페이스북, 테슬라 등이 상장되어 있습니다.

③ 미국증권거래소(AMEX ; Amercian Stock Exchange)
뉴욕증권거래소에 비해 상대적으로 상장요건이 완화되어 소규모기업이 주로 상장되어 있습니다.

기업이 크다는 기준은 무엇인가요?

시가총액과 액면분할

4

어떤 기업을 크다고 생각하나요? 이름만 들으면 누구나 아는 기업? 뉴스에 많이 오르내리는 기업? 수출입을 많이 하는 기업? 그것도 아니면 주가가 높은 기업일까요? 모두들 생각하는 기준이 다를 것입니다. 하지만 기업을 평가하고 기업의 규모를 살펴볼 때는 시가총액이라는 개념을 사용합니다.

① 시가총액

주식의 가격(주가)에 그 기업이 발행한 총 주식수를 곱한 값입니다. 즉, 시가총액이란 어떤 기업이 주식시장에서 평가받는 가치입니다. 어떤 기업의 시가총액이 550조 원이라고 할 때, 주식시장에서 이 기업은 550조 원이라고 평가받고 있는 것이죠.

시가총액 = 주식의 가격(주가) X 총 주식수

우리나라 시가총액 상위 10개 주식 (2021.2.26 기준)

순위	종목명	종가	상장주식수	시가총액(단위: 조)
1	삼성전자	82,500	5,969,782,550	493
2	SK하이닉스	141,500	728,002,365	103
3	NAVER	375,000	164,263,395	62
4	삼성전자우	72,800	822,886,700	60
5	LG화학	831,000	70,592,343	59
6	현대차	237,000	213,668,187	51
7	삼성바이오로직스	750,000	66,165,000	50
8	삼성SDI	674,000	68,764,530	46
9	카카오	488,000	88,678,085	43
10	셀트리온	297,500	135,027,731	40

어떤 기업의 가치를 판단하기 위해서는 주가가 아니라 시가총액을 봐야 합니다. 단지 주가를 비교해서는 어떤 기업이 큰지 알기 어렵습니다. 위의 표만 보아도 우리가 아는 대기업의 주가가 들쑥날쑥하다는 것을 알 수 있죠. 이처럼 시가총액이 아니라 단순히 주가를 비교하면 기업의 가치를 잘못 판단하는 우를 범하게 됩니다.

② 액면분할

원래 삼성전자도 1주당 250만 원이 넘을 정도로 주당 가격이 높았는데, 2018년에 250만 원이었던 주식을 50대 1로 쪼개면서 1주당 가격이 5만원으로 낮아졌습니다. 이를 액면분할이라고 하는데 주식의 액면가를 분할하는 것을 말합니다.

삼성전자의 경우 액면분할하기 전, 액면가는 5,000원이고 주가는 250만 원이었습니다. 2018년에 액면분할을 하면서 액면가는 100원, 주가는 5만 원으로 쪼개진 것이죠. 기존에 250만 원짜리 주식을 1주 보유하던 주주는 액면분할 후 5만 원짜리 주식을 50주 보유하게 되었습니다. 사실 액면분할 자체는 기업의 가치에 아무런 영향을 주지 않습니다.

액면분할은 기업의 가치에 영향을 주지는 않지만 비싸게 거래되던 주식 1주당 가격(주가)이 낮아지면서 심리적으로 해당 기업이 저렴해 보이는 효과가 발생합니다. 또한 액면분할 전에는 주가가 너무 높아 투자하지 못했던 소액투자자들도 액면분할 후에는 해당 기업에 투자할 수 있게 됩니다. 주식 가격이 낮아지면서 투자자들의 접근성이 증가하는 것이죠.

그리고 액면분할을 하게 되면 1주가 여러 개로 쪼개지기 때문에 주식 수가 증가하면서 거래량도 증가하게 됩니다. 거래량이 증가하면 주식을 보다 쉽게 사거나 팔 수 있어 주가의 안정에도 도움이 되죠. 이러한 효과를 노리고 기업은 액면분할을 결정합니다. 기업의 액면분할은 소액투자자들의 관심 증가와 주식의 거래량 증가라는 효과 덕분에 주가가 단기적으로 상승하는 모습으로 이어지기도 합니다.

🌐 **여기서 잠깐**

액면분할 이후 주가가 상승했다는 소식을 들어 보았나요?
2020년 미국 나스닥에 상장된 애플과 테슬라가 액면분할을 결정하면서 해당 기업들의 주가가 단기적으로 상승하는 모습을 보였습니다. 한국시장에서도 비슷한 일이 발생했죠. 2021년 2월 25일 카카오가 액면분할을 결정하면서 26일 주가가 상승한 것도 같은 이유입니다. 2021년 2월 26일은 주식시장이 크게 하락한 날이었음에도 불구하고, 카카오의 주가는 전날에 비해 0.7% 상승하는 모습을 보였습니다.

주가는 알겠는데
주가지수는 무엇인가요?

주가지수의 뜻과 종류

'코스피지수가 사상 최고치를 갱신했다', '코스닥시장이 +1% 상승했다'와 같은 뉴스를 보면 특정 기업의 주가보다 코스피 혹은 코스닥시장의 등락을 언급하는 경우가 많습니다. 코스피지수와 코스닥지수는 정확히 무엇일까요? 이에 대해 이해하려면 먼저 지수가 무엇인지 알아야 합니다.

지수(Index)란 특정한 상품의 값이나 수량이 일정기간 동안 변화한 수치를 비교하기 위해 만드는 통계값입니다. 지수를 구하는 방법은 기준시점의 값을 정한 뒤에 현재 시점의 값이 기준시점에 비해서 얼마나 변했는지를 계산하는 것입니다. 이렇게 주가를 지수로 변환한 것을 주가지수라고 합니다. 주가지수에는 코스피지수와 코스닥지수가 있습니다.

① 코스피지수(KOSPI INDEX)

코스피지수의 기준시점은 1980년 1월 4일입니다. 이날 코스피시장에 상장된 보통주* 전 종목의 시가총액을 100으로 놓았을 때, 현재 시가총액이 얼마나 되는지 비교하는 것이죠. 2021년 2월 말을 기준으로 코스피지수는 3,012포인트였습니다. 코스피

지수 3,000포인트라는 것은 1980년 1월 4일 시가총액의 합보다 현재 코스피시장에 상장된 기업들의 시가총액 합이 30배 커졌다는 의미입니다.

② 코스닥지수(KOSDAQ INDEX)

코스닥지수의 기준시점은 1996년 7월 1일입니다. 코스피지수는 기준시점의 값을 100포인트로 계산하는 데 비해서 코스닥지수는 기준시점의 값을 1,000포인트로 계산합니다. 2021년 2월 말을 기준으로 코스닥지수는 913포인트였습니다. 즉, 1996년 산출된 시가총액의 합보다 지금의 시가총액이 더 낮은 거죠. 어떻게 된 일일까요?

2000년 초반 코스닥에 상장된 우량 기업이 코스피로 대거 이전했기 때문입니다. 우리나라의 대표적인 IT기업인 네이버와 카카오도 지금은 모두 코스피시장에 상장되어 있죠. 1998년부터 2000년 초반까지 코스닥시장에 상장된 인터넷기업들의 주가가 급등하면서 코스닥지수는 2,500포인트라는 경이로운 수치를 기록했지만, 이후 순식간에 500포인트까지 하락하죠. 이 책을 집필하고 있는 현재까지 코스닥지수는 1000포인트를 돌파하지 못하고 있습니다.

지수를 산출하는 방식에서 한 가지 유의할 점은 새롭게 상장되는 기업

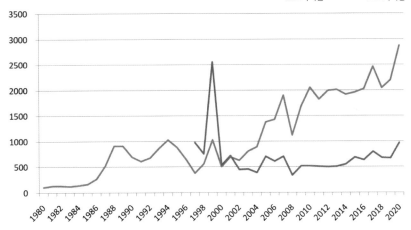

| 그림 1-2 | 1980~2019 코스피, 코스닥시장 주가지수 차트

이나 상장폐지되는 기업을 어떻게 반영할 것인지입니다. 신규 상장되거나 상장폐지되는 기업은 지수에 처음부터 있던 것처럼 혹은 없던 것처럼 계산을 합니다. 이렇게 코스피나 코스닥을 하나의 지수값으로 만들었다면, 주식처럼 거래할 수도 있을까요? 네, 그렇습니다. 코스피지수, 코스닥지수도 주식처럼 사고팔 수 있습니다. 바로 ETF*를 통해서 말이죠. ETF는 주식처럼 상장되어 있기 때문에 실시간으로 사고팔 수 있습니다. 코스피시장에 투자하고 싶다면 코스피

> ◉ **짚어보기** Exchanged Traded Fund의 약자로 상장지수펀드라고 부르는 투자 상품입니다. 6장 참조

지수를 추종하는 ETF를, 코스닥시장에 투자하고 싶다면 코스닥지수를 추종하는 ETF를 사면 됩니다.

| 그림 1-3 | KODEX 코스피 기본정보

🌐 여기서 잠깐

미국의 주가지수에는 어떤 것이 있나요?

우리나라와는 달리, 미국의 주가지수는 주식시장의 이름과 같지 않습니다. 우리나라는 코스피시장과 코스피지수, 코스닥시장과 코스닥지수처럼 상장시장과 증시를 대표하는 지수의 이름이 같습니다. 반면, 미국은 상장시장과 미국증시를 대표하는 지수의 이름이 다릅니다. 우리가 뉴스에서 자주 접하는 다우지수, S&P500지수, 나스닥지수 등은 주식시장의 이름이 아니라 일정한 기준으로 기업들을 뽑은 다음 만들어 내는 지수이기 때문입니다.

어디서 들어 본 증자와 감자, 도대체 무엇인가요?

유상증자, 무상증자, 유상감자, 무상감자

'대한항공이 아시아나항공 인수를 위해 3조 3천억 규모의 유상증자를 진행했다.' 2021년 3월 초 한 경제신문지의 기사입니다. 경제뉴스를 보다 보면 '유상증자', '유상감자'와 같은 용어들을 접합니다. '증자'와 '감자'를 이해하기 위해서는 기업이 사업에 필요한 돈을 조달하는 방법에 대해 알아야 합니다.

앞서 기업이 주식시장에 주식을 상장하는 가장 중요한 이유는 사업에 필요한 돈을 쉽게 조달하기 위해서라고 했습니다. 기업이 사업을 위해 필요한 돈을 빌리는 방법은 크게 2가지입니다. 기업의 주인인 주주로부터 투자를 받거나, 기업 밖의 투자자로부터 돈을 빌려 오는 것입니다. 기업의 주주들이 내는 투자금을 자본이라 하고, 기업 밖의 투자자로부터 빌려 온 돈을 부채라고 합니다. 그리고 자본과 부채를 합쳐 기업의 자산이라고 합니다. 자본은 자산에서 부채를 뺀 금액이라 순자산이라고 부르기도 하고,

부채는 남의 돈, 즉 타인자본이기 때문에 이와 대조적인 개념으로 자기자본이라 부르기도 합니다. 즉 자본, 순자산, 자기자본 모두 같은 말이에요.

$$자산 = 자본 + 부채$$

다시 말해 기업 입장에서 자본은 '내 돈'인 것입니다. 그중에는 주주들이 기업에 투자한 원금(자본금과 자본잉여금)이 있을 것이고, 기업이 사업을 잘해서 벌어들인 돈(이익잉여금)이 있을 겁니다. 주주들이 투자한 원금 중에서 주식의 액면가만큼을 '자본금'이라 부르고, 실제로 발행한 주식의 가격에서 액면금액을 빼고 남은 차액만큼을 '자본잉여금'이라 부릅니다. 그리고 주주들이 투자한 원금이 아닌, 기업이 사업을 잘해서 벌어들인 돈이 이익잉여금에 해당하는 것이죠.

$$자본 = 자본금 + 자본잉여금 + 이익잉여금$$

① 증자

기업의 자본을 증가시키는 경영활동으로, 증자에는 크게 유상증자와 무상증자가 있습니다. 유상증자는 기업이 새롭게 주식을 발행하고, 주주들은 주식을 인수하는 대금을 지불함으로써 실질적으로 회사에 돈이 유입되어 자본금이 증가하는 형태입니다.

반대로 무상증자는 기업이 주주들에게 보유한 주식의 비율만큼 무상으로 주식을 발행하는 형태입니다. 무상증자는 자본의 한 항목인 이익잉여금이 자본금으로 전환될 뿐 회사에 새로운 자금이 유입되지는 않습니다. 기업이 사업을 잘해서 벌어들인 돈으로 주주들에게 주식을 나눠 주는 것이 바로 무상증자입니다.

② 감자

증자의 반대말입니다. 다시 말해 기업의 자본금을 감소시키는 경영활동을 말합니다. 자본금은 주주들이 회사에 투자한 원금이라고 설명했습니다. 따라서 자본금을 감소시킨다는 것은 듣기에도 주주들에게 우호적이지 않은 느낌이죠. 감자도 증자처럼 유상감자와 무상감자가 존재합니다.

유상감자는 기업이 주주들에게 돈을 지불하고 주식수를 줄이는 행위입니다. 반대로 무상감자는 기업이 주주들에게 돈을 지불하지 않으면서도 주식수를 줄이는 행위입니다. 예를 들어 A기업의 주식을 10주 가지고 있었는데, 10대 1의 무상감자를 발표하면 내가 소유한 주식의 수는 10주에서 1주가 됩니다. 9주만큼이 없어지는 거예요. 무상감자는 기업이 매우 어려워졌을 때 취하는 조치입니다.

그렇다면 기업은 왜 감자를 할까요? 대부분의 경우 자본잠식 상태에서 벗어나기 위함입니다. 자본잠식이란 자본에 해당하는 모든 항목을 더한 자본총계가 자본금보다 낮은 상태를 말해요. 자본에는 자본금, 자본잉여금, 이익잉여금이 있다고 했습니다. 다시 말해 자본잠식이란 자본잉여금 혹은 이익잉여금에 손실이 발생하여 자본총계가 자본금보다 낮은 상태를 의미해요. 아주 간단히 말하자면, 주주들이 사업자금을 냈는데 사업이 원활하지 않아 주주들의 투자금에서 손실이 나고 있는 상황인 겁니다.

무상감자 예시

자본금	100억
이익잉여금	(-) 50억

자본총계	50억

➡

자본금	10억
자본잉여금	90억
이익잉여금	(-) 50억

자본총계	50억

주가는
왜 변하는 건가요?

주가에 영향을 미치는 요인들

2020년 3월, 코로나19가 전 세계로 급속히 확산되면서 우리나라뿐만 아니라 미국, 중국, 유럽 등 전 세계 주식시장이 폭락했습니다. 코로나19라는 전대미문의 질병이 우리의 삶과 기업들의 실적을 어떻게 바꿀지 모른다는 불확실성과 공포가 절정에 달했죠. 하지만 주식시장은 2020년 3월을 저점으로 급격한 V자 반등을 보였습니다. 2020년 연말이 되자 한국, 미국, 일본, 중국, 독일, 프랑스 등 전 세계 주요증시가 사상최대치를 기록했으니까요. 이는 무슨 요인 때문일까요?

주식시장이 급격히 반등할 수 있었던 요인으로, 첫 번째는 전 세계 중앙은행과 각국 정부의 막대한 자금 투입, 두 번째는 예상보다 견고했던 기업들의 실적, 세 번째는 세계적인 주식투자 열풍을 들 수 있습니다. 코로나19 위기를 극복하기 위해 풀린 막대한 돈이 자산시장의 상승을 일으킨 데다, 위기 및 구조조정을 거치면서 기업들이 생존했으며 마지막으로 한국은

동학개미, 미국은 로빈후드라 불리는 개인투자자들의 활발한 참여로 주식시장은 급격한 상승을 보였습니다.

이처럼 주식의 가격은 수많은 요소에 의해 영향을 받고, 이에 따라 변화합니다. 주가에 영향을 미치는 주요한 요인들을 꼽아 보면 금리와 통화량, 기업의 실적, 자산가치, 환율, 경기변동 등이 있습니다.

① 금리

돈에 붙는 이자, 즉 돈의 가격입니다. 금리가 높다는 건 돈의 가치가 높다는 뜻이며, 금리가 낮다는 건 그만큼 돈의 가치가 낮다는 뜻입니다. 금리는 일반적으로 주가와 반대로 움직입니다. 투자자 입장에서 금리가 높다면 굳이 위험을 감수하며 주식을 매수하기보다는 안정적인 예금에 투자하고 이자를 받으면 되기 때문입니다. 기업 입장에서도 금리가 높다면 이자 비용이 증가하기 때문에 기업의 실적이 악화됩니다.

② 통화량

화폐가 유통되는 양을 뜻합니다. 통화량이 많아졌다는 말은 유동성이 증가했다거나 공급되었다고 표현하기도 하죠. 통화량, 즉 화폐가 유통되는 양이 증가하면 수요와 공급의 법칙에 따라 돈의 가치가 떨어집니다. 금리가 낮아진다는 의미죠. 너도나도 현금을 많이 가지고 있으니 굳이 높은 이자를 주지 않아도 돈을 쉽게 빌릴 수 있는 겁니다. 금리가 낮아지면 주가는 상승합니다. 요약하면 통화량이 증가하면 금리가 하락하고 주가는 상승합니다.

③ 기업의 실적

기업의 가치는 사업을 통해 벌어들이는 수익가치와 기업이 보유한 자산 가치로 평가할 수 있습니다. 수익가치란 기업이 사업을 통해 벌어들이는 이익인 영업이익 혹은 순이익을 의미합니다. 따라서 영업이익과 순이익이 높은 기업, 즉 실적이 높은 기업일수록 주식시장에서 높은 가치를 인정받습니다. 실적은 꾸준하게 이익을 내는 예측가능성과 이익의 성장성이 높은 기업일수록 높은 가치를 인정받습니다. 실적은 수많은 변수에 의해 영향을 받기 때문에 기업의 실적을 추정하는 것은 매우 어렵습니다. 주가의 변화를 예측하기 어려운 것 역시, 주가는 사실 기업의 실적을 반영하는 그림자이기 때문입니다.

④ 기업의 자산

기업의 가치는 그 기업이 보유한 자산가치에 의해 평가받기도 합니다. 주식시장에서 수익가치는 크지 않지만, 자산가치가 높은 주식을 '자산주'라고 부릅니다. 매년 사업을 통해 10억 원을 벌어들이는 A라는 기업이 있다고 가정해 볼게요. A기업은 수익가치 측면에서는 크게 매력이 없을 수 있습니다. 그런데 A기업이 가진 토지가 신도시 개발 예정지구로 지정되면서, 해당 토지의 평가금액이 엄청나게 상승했다면, A기업을 여전히 10억 원의 수익을 내는 기업으로 평가하는 것이 적정할까요? 아니면 가지고 있는 토지의 시장가격만큼 기업의 가치에 더해 주는 것이 적정할까요? 이처럼 기업의 가치는 기업이 가지고 있는 유·무형의 자산가치에 의해서도 변화합니다.

⑤ 환율

자국 통화와 다른 국가 통화의 값을 비교한 가치를 말합니다. 보통 환율이라고 말할 때는 달러 대비 원화의 가치, 즉 원달러 환율을 생각합니다. 환율의 변화는 기업의 실적에 큰 영향을 줍니다. 특히 우리나라처럼 수출입이 경제에서 높은 비중을 차지하는 나라일수록 환율의 움직임은 기업의 실적, 더 나아가서 우리나라의 경제성장률에 지대한 영향을 미치게 됩니다.

환율과 주가의 관계는 한마디로 정의하기 어렵습니다. 환율이 오르면 수출기업의 가격경쟁력이 올라가서 수출을 많이 하는 기업에게는 유리하게 작용하지만, 수입원가 또한 오르기 때문에 원재료를 해외에서 많이 수입하는 기업일수록 불리하게 작용합니다. 또한 환율이 오르면 달러 기준으로 투자를 하는 외국인 투자자로서는 환차손[*]이 발생하여 단기적으로 외국인 투자자의 자금 유입을 막는 효과가 발생합니다. 이처럼 환율의 변화가 주가에 미치는 영향은 매우 복잡합니다.

> ◎ 짚어보기 환율의 변동으로 인해 발생하는 손해를 말합니다.

⑥ 경기변동

'경기가 좋아졌다, 경기가 나빠졌다'라는 말에서 '경기'란 한 나라의 총체적인 경제활동을 의미합니다. 경기가 좋다는 건 경제활동이 활발하다는 뜻이며, 경기가 나쁘다는 건 경제활동이 활발하지 못하다는 뜻입니다. 주가는 경기에 선행하는 경기선행지수의 대표주자입니다. 즉, 경기가 좋아질 것 같으면 주가가 먼저 상승하고, 경기가 최고치에 도달하기 전에 지금이 정점이라는 것을 미리 아는 것처럼 주가는 먼저 하락하죠.

따라서 경기를 정확히 판단할 수 있다면 주식투자에 큰 도움이 될 것입니다. 경기를 판단하는 가장 대표적인 방법은 실질GDP* 성장률입니다. 하지만 실질GDP가 경기를 정확하게 알려주는 것은 아니어서 이를 보완하기 위해 소비자와 생산자에게 경제전망을 설문조사하는 소비자태도지수나 경기실사지수 등도 경기를 파악하는 데 사용됩니다.

◉ 짚어보기 물가상승을 고려해 생산량 변동을 반영한 GDP입니다. 물가상승을 고려하지 않은 GDP를 명목GDP라 부릅니다.

주가란 이처럼 금리, 통화량, 기업의 실적 및 자산가치, 환율, 경기 등 수많은 변수에 의해 영향을 주고받으며 변화합니다. 또한 투자자들은 주가에 영향을 미칠 요소들을 분석 및 예상하고 이를 투자에 적용함으로써 주가의 변화를 야기합니다. 다양한 요소가 주가에 영향을 주고, 또 이러한 변수에 대한 예상이 다시 주가를 움직이기 때문에 주가를 복잡계라고도 표현합니다.

주식시장 통계 확인하기

주식시장에서는 개별 기업의 주가부터 주가지수, 거래량, 거래대금 등 수많은 통계자료가 매일 발생합니다. 이번 방과 후 과정에서는 주식투자에 도움이 되는 통계를 확인할 수 있는 사이트들을 소개하겠습니다.

한국거래소 정보데이터시스템(http://data.krx.co.kr/)

한국거래소에서 제공하는 사이트로 상장주식부터 지수, 증권상품, 파생상품, 일반상품 등 다양한 금융투자 정보에 관한 통계자료를 얻을 수 있습니다. 주식시장에 상장된 전 종목의 주가, 시가총액뿐만 아니라 공매도 및 대차잔고에 관한 통계자료도 손쉽게 살펴볼 수 있습니다.

| 그림 1-4 | 한국거래소 정보데이터시스템

금융투자협회 종합통계 포털(http://freesis.kofia.or.kr/)

금융투자협회에서 제공하는 사이트로 주식, 채권, 파생상품, 펀드 등에 관한 통계자료를 얻을 수 있습니다. 투자자예탁금과 신용융자, CMA잔고를 한눈에 볼 수 있어 증시자금 추이를 확인하기 쉽습니다. 또한 증권사, 자산운용사의 현황도 파악할 수 있습니다.

| 그림 1-5 | 금융투자협회 종합통계 포털

한국은행 경제통계시스템(http://ecos.bok.or.kr/)

주식투자에 필요한 거시적인 지표들인 금리, GDP성장률, 소비자물가지수, 유동성지표 등을 확인할 수 있는 한국은행 통계사이트입니다. 경제를 파악하는 중요한 수치들은 모두 이곳에서 확인할 수 있다고 생각해도 될 정도로 중요한 정보가 가득한 곳입니다.

| 그림 1-6 | 한국은행 경제통계시스템

에프앤가이드 상장기업 분석(http://comp.fnguide.com/)

주식투자에 필요한 수치를 일목요연하게 정리한 기업정보와 증권사 애널리스트의 컨센서스를 제공해 주는 사이트입니다. 컨센서스란 애널리스트들이 추정하는 기업의 미래 매출액과 영업이익의 평균치를 의미합니다. 사이트를 통해 증권사 애널리스트들이 기업의 실적을 어떻게 전망하고 있는지 확인할 수 있습니다.

| 그림 1-7 | 에프앤가이드 상장기업분석

전자공시시스템 DART(http://dart.fss.or.kr/)

금융감독원에서 운영하는 사이트로 주식회사가 투자자들에게 공시해야 하는 모든 공시정보를 조회할 수 있는 곳입니다.

| 그림 1-8 | 전자공시시스템 DART

E-나라지표(https://www.index.go.kr/main.do)

정부의 각 부처에서 발표하는 중요 통계를 모아 놓은 곳으로 지표의 시각화가 간단하고, 인기지표 검색을 통해 다른 사람들이 중요하게 보는 통계지표가 무엇인지 확인할 수 있는 곳입니다.

| 그림 1-9 | E-나라지표

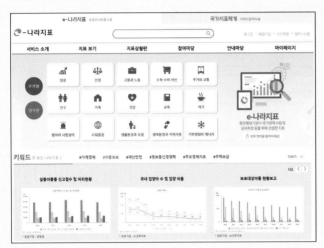

국가통계포털(https://kosis.kr/index/index.do)

통계청에서 실시한 경제, 사회, 환경 등 30개 분야에 걸친 주요 국내통계를 볼 수 있는 사이트입니다.

| 그림 1-10 | 국가통계포털

2장

주식투자를 시작하기 전 체크할 것들

주식투자를 본격적으로 시작하기에 앞서 꼭 알아야 하는 주식의 두 번째 알파벳은 투자금의 성격입니다. 지피지기면 백전백승이란 말처럼, 성공적인 주식투자를 하기 위해서는 먼저 내 돈에 대해 정확히 알고 있어야 합니다. 첫 주식투자를 위해 종잣돈은 얼마가 적당할지, 나는 공격적인 성향의 투자자인지, 주식투자 목표 수익률은 연 몇 %인지 등을 정확히 파악해야 합니다.

투자 성향과 투자기간을 파악함으로써 목표 수익률이 달성된다면 얼마나 좋을까요? 하지만 주식투자의 수익률은 투자금을 파악한다고 달성되지는 않습니다. 그럼에도 불구하고 왜 투자 성향을 파악하고, 목표 수익률을 설정해야 하는지도 배워 보도록 하겠습니다.

초기자금은 얼마나 필요한가요?

시드머니

시드머니 혹은 종잣돈이라는 말을 들어 보았나요? 시드머니란 씨앗을 의미하는 Seed와 돈을 의미하는 Money의 합성어입니다. 종잣돈 역시 씨앗을 의미하는 종자와 돈이 합쳐진 단어입니다. 투자를 씨앗에 비유하여 일정 기간 투자를 위해 묵혀 둘 돈을 의미하는 말이 바로 시드머니 혹은 종잣돈입니다.

주식투자를 위한 초기자금은 얼마가 적당할까요? 많은 투자전문가가 제시하는 종잣돈의 크기는 3천만 원에서 1억 원 사이입니다. 한때 재테크 분야에서 종잣돈 1억 원 모으는 방법에 관한 책들이 큰 인기를 끌었던 것도, 투자자들이 '1억 원은 있어야 투자를 하지'라고 생각하고 있기 때문이 아닌가 싶습니다. 주식투자에 있어 종잣돈을 모아야 하는 이유는 크게 두 가지를 꼽을 수 있습니다.

첫 번째, 종잣돈이 적으면 투자에 들이는 노력 대비 투자로 인한 수익이 적어 수익성이 낮을 수 있습니다. 투자금이 100만 원인 사람이 하루에 3시간씩 주식 공부를 해서 연 수익률 30%를 달성했다면 연 투자 수익은 30만 원입니다. 하루에 3시간씩 365일 공부한 사람의 노동에 비해 수익금은 터무니없이 낮죠.

두 번째, 종잣돈이 적으면 높은 수익률에 현혹되어 위험이 높은 투자방식에 끌릴 가능성이 큽니다. 1억 원을 투자하는 사람은 10%만 수익이 나도 1,000만 원을 벌 수 있지만, 100만 원을 투자하는 사람은 10% 수익이 나면 10만원 밖에 되지 않습니다. 이처럼 종잣돈이 적다면 목표 수익률을 높게 잡게 되고, 점점 더 주식을 투자가 아닌 수익률 게임으로 접근할 가능성이 높습니다.

지금까지의 이야기를 들으면 한 가지 의문이 떠오릅니다. 종잣돈이 없는 투자자는 원하는 금액을 모을 때까지 주식투자를 하면 안 될까요? 주식투자를 통해 종잣돈을 모을 수는 없을까요? 이제 막 직장에 취업한 사회초년생이 종잣돈을 충분히 가지고 있는 경우는 드뭅니다. 사회초년생일수록 종잣돈보다는 일급의 일정 부분을 투자하려고 할 것입니다. 일급의 일정 부분을 적립식으로 매월 꾸준히 투자할 계획이라면 종잣돈을 모으지 않더라도, 아니 오히려 종잣돈을 모으기 위해 주식투자를 해야 합니다.

종잣돈을 모으기 위해 예금 혹은 적금 상품에 가입할지, 아니면 유망해보이는 기업을 선택해 해당 기업의 주식을 사 모을지 선택은 투자자의 몫입니다. 종잣돈이 적더라도 마치 큰 자산을 운용하는 부자의 태도로 주식투자를 시작한다면, 종잣돈을 모으고 불려 나갈 수 있지 않을까요?

내 투자 성향과
투자금 성격 파악하기
투자 성향에 영향을 미치는 요인들

투자금은 투자자의 상황인 나이, 향후 수입원의 증감 여부, 경제활동 가능 여부, 투자 가능 기간과 비중 등에 따라서 성격이 다릅니다. 주식투자에 성공하기 위해서는 주식투자에 앞서 나의 투자금은 어떤 성격의 자금인지 파악해야 합니다. 내가 적극적으로 위험을 감수하며 투자를 하는 성향인지, 원금 손실은 죽어도 싫은 사람인지 알아야 투자에서 성공할 수 있습니다. 주식계좌를 개설할 때도 투자자 성향을 등록하라는 안내메시지가 나오는데 펀드, ELS, 공모주청약 등 증권사의 금융상품에 투자하기 위해서는 투자자 성향을 등록해야 하기 때문입니다.

투자 성향은 1등급에서 5등급까지 5단계로 나닙니다. 등급 앞의 숫자가 낮을수록 위험선호 성향이 강하다는 뜻이에요. 그래서 1등급은 초고위험성향이고, 5등급은 초저위험 성향을 나타내죠. 증권사마다 투자자 성향을 묻는 질문은 조금씩 다르지만, 결과로 나타나는 투자자의 투자 성향은

| 그림 2-1 | 투자자정보확인서 등록 화면

공통되게 5단계로 나뉩니다.

투자자 정보를 확인하는 질문은 크게 투자자의 나이, 투자 가능 기간, 투자경험, 투자비중, 향후 수입에 대한 기대, 손실 감내수준으로 구성되어 있습니다. 〈그림 2-1〉을 보면 투자 성향 진단을 하지 않을 경우 파생상품 거래가 불가능하다고 안내되어 있습니다. '자본시장과 금융투자업에 관한 법률'에 따라 투자자정보확인서에 의한 투자 성향 진단이 되어 있어야 증권회사로부터 투자권유를 받을 수 있습니다.

🌐 여기서 잠깐

앞으로 원하는 투자 방향에 맞게 답을 해야 하나요?

투자 성향을 묻는 질문에는 솔직하게 자신의 생각대로 답변을 하면 됩니다. 5등급이 나왔다고 해서 주식을 매수할 수 없는 것은 아니기 때문이에요. 투자자 성향 등록을 솔직하게 해야 하는 이유는 같은 금액의 돈이라도 투자자의 성향에 따라 같은 돈이 아니기 때문입니다.

① 투자자의 연령대와 수입원

30대 직장인은 향후 일정한 수입이 발생하고 있고 미래에도 수입원이 있을 것으로 예상되는 반면에, 은퇴한 70대라면 가지고 있는 자산을 현금화하며 노후생활을 준비해야 하는 시기입니다. 30대는 경제활동을 통해 월급이 증가하는 시기이므로 70대에 비해 적극적으로 위험을 감수하는 투자를 할 수 있습니다. 반면 현재 수입원이 없거나 감소하고 있다면, 적극적인 위험을 감수하기보다는 최대한 원금을 보전하는 투자가 중요해집니다. 이처럼 투자결정에 있어서 투자자의 나이와 향후 수입원의 증감여부는 매우 중요한 영향을 끼칩니다.

② 투자기간

현재 수입도 비슷하고 나이도 같은 A와 B가 있다고 가정해 보겠습니다. 그렇다면 두 사람의 투자금 성격은 비슷할까요? 그렇지 않습니다. 투자금의 성격을 파악할 때 나이, 향후 수입과 더불어 살펴봐야 하는 것은 바로 투자기간입니다. 투자금이 1년 뒤에 꼭 필요한 결혼자금인지, 2년 뒤 세입자에게 돌려줘야 하는 전세보증금인지, 아니면 10년 뒤 아이의 대학등록금 마련을 위해 모으고 있는 자금인지 등 투자할 수 있는 기간에 따라 투자의 성격이 크게 달라집니다.

투자기간에 따라 1년 이하인 단기투자자와 1년에서 3년 사이인 중기투자자, 그리고 3년 이상인 장기투자자로 나눠 볼 수 있습니다. 여기서 투자기간이란 투자금을 운용하는 기간이지 종목을 보유하는 기간을 의미하지는 않아요. 투자기간을 딱 정하기 어렵다면 다음과 같이 생각하는 방법도 있습니다.

급한 사정이 생겨서 돈이 필요할 때 내가 주식에 투자한 돈을 회수해야 하는지, 아니면 여윳돈이라 장기간 묵혀 둘 수 있는지 따져 보는 겁니다. 주식투자란 투자기간이 짧을수록 투자에 대한 위험도가 커진다고 판단할 수 있습니다. 장기적으로 주가는 기업의 가치에 수렴하지만, 단기적으로는 시장상황에 따라 급락하기도 하고 급등하기도 하는 변동성을 띄기 때문입니다.

③ 투자비중

자산에서 주식투자의 비중은 어느 정도가 적당할까요? 투자의 비중을 결정하는 것이 중요한 이유는 투자의 수익률을 결정하는 가장 중요한 요소가 '종목선택'이 아닌 '자산배분'이기 때문입니다. 현대 재무학에서 강조하는 '포트폴리오 이론'인데, 여기서 포트폴리오란 나의 가계자산 중에서 부동산, 예금, 주식 등을 분산하는 것을 말합니다.

2020 가계금융복지조사 내 자산(통계청, 한국은행)

		금융자산			실물자산					자산
		전월세보증금	저축액	소계	부동산			기타실물자산	소계	
					거주주택	기타	부동산			
평균	2019년	2,697	7,873	10,570	17,933	12,446	30,379	2,242	32,621	43,191
	2020년	2,873	7,632	10,504	18,945	13,017	31,962	2,076	34,039	44,543
	증감률	6.5	-3.1	-0.6	5.6	4.6	5.2	-7.4	4.3	3.1
구성비	2019년	6.2	18.2	24.5	41.5	28.8	70.3	5.2	75.5	100.0
	2020년	6.4	17.1	23.6	42.5	29.2	71.8	4.7	76.4	100.0
	전년차	0.2	-1.1	-0.9	1.0	0.4	1.4	-0.5	0.9	-

그렇다면 국내 가계의 주식투자 비중은 어느 정도일까요? 통계청과 한국은행이 공동으로 조사해 1년에 한 번씩 발표하는 '가계금융복지조사'에 따르면 2020년 3월 기준 국내 가계의 부동산을 포함한 실물자산의 비중은 76%, 예금과 주식 등을 포함한 금융자산의 비중은 24%로 조사되었습니다.

금융자산은 다시 예금과 펀드 및 보험, 그리고 주식으로 나뉩니다. 한국은행에 따르면 2016~2019년 3년 동안 금융자산 내에서 예금이 차지하는 비중은 평균 50%, 펀드 및 보험은 40% 주식은 10%였다고 합니다. 따라서 2016~2019년 조사된 수치를 기반으로 할 경우, 국내 가계 자산에서 주식이 차지하는 비중은 전체의 2.4%라고 추정할 수 있습니다.

가계자산 내 주식투자의 비중을 몇 %로 할 것인지에 대한 정답은 존재하지 않습니다. 다만 그동안 국내 자산의 비중이 부동산에 지나치게 쏠려 있었다는 점과 2020년 코로나19 위기 이후에 많은 사람들이 주식투자에 뛰어 들었다는 점을 볼 때 향후 국내 가계에서 주식투자가 차지하는 비중은 지속적으로 높아질 것으로 보입니다.

목표 수익률은
얼마로 잡으면 좋을까요?

72의 법칙

내 투자 성향을 파악하고, 주식투자의 비중까지 정했다면 이제 마지막으로 남은 것은 주식투자의 목표 수익률을 정하는 겁니다. 여러분은 주식의 목표 수익률은 몇 %로 생각하시나요? 주식투자라면 모름지기 연 수익률 100%, 즉 원금의 2배는 벌어야 한다고 생각하나요? 투자 수익률은 높을수록 좋겠지만, 목표 수익률은 합리적으로 설정해야 합니다. 투자 성향은 5등급인 초저위험 투자자로 분석되었는데, 주식투자의 목표 수익률을 100%로 정한다면 올바른 목표 수익률 설정이 아닙니다. 이것은 마치 학창시절 내내 공부만 하던 학생이 하루아침에 이종격투기 대회에 나가 세계 챔피언이 되겠다고 하는 것과 다르지 않습니다.

투자 성향이 초고위험 등급인 1등급이 나왔더라 하더라도 목표 수익률은 합리적으로 잡아야 합니다. 목표 수익률을 과도하게 높게 설정했을 경우, 이를 달성하기 위해 무리한 위험을 감수하여 오히려 투자손실을 볼 수 있기 때문입니다.

① 초보투자자의 바람직한 목표 투자 수익률

수익률이라는 개념에는 '기간'이 매우 중요합니다. 목표 수익률이 100% 더라도, 한 달 만에 원금의 2배를 달성하는 것과 일 년 만에 2배를 달성하는 것, 그리고 3년 만에 2배를 달성하는 것은 확연히 다르기 때문입니다. 투자 수익률을 정함에 있어 알아 두면 간단하면서도 유용한 공식이 바로 '72의 법칙'입니다. 원금이 2배가 되는 시간을 계산하는 방법인데 72를 목표 수익률로 나눈 값이 바로 원금이 2배가 되는 데 걸리는 시간입니다.

72 ÷ 목표 수익률 = 원금이 2배가 되는 데 걸리는 시간

목표 수익률이 연 10%라면, 원금이 2배가 되는 데는 7.2년이 걸린다는 뜻입니다. 단, 여기서 매년 투자 수익을 다시 투자하는 복리의 개념이라는 점이 중요합니다. 즉 복리의 수익률로 매년 10%씩 벌 수 있다면, 투자금이 2배가 되는데 7.2년이 걸린다는 의미죠.

② 워런 버핏의 수익률

가장 성공한 주식투자자 중 한 명인 워런 버핏은 연 평균 20%의 수익률을 기록한 것으로 알려져 있습니다. 세계 최고 주식투자자의 수익률이 20% 라니 너무 낮게 느껴지나요? 20%라는 그리 높아 보이지 않는 수익률을 기록했음에도 그가 세계에서 가장 성공한 주식투자자가 될 수 있었던 것은

20%의 수익을 50년 넘게 꾸준히 복리°로 기록했기 때문입니다.

◉ 짚어보기 원금에 이율을 곱해 늘어나는 것으로 반대말은 단리입니다.

이렇게 세계적으로 가장 성공한 투자자조차도 연 평균 수익률이 20%인데, 이제 막 주식을 시작하는 초보투자자가 목표로 하는 주식투자의 수익률이 100%라면 합리적인 목표설정이라고 볼 수 없습니다. 투자금이 몇 년 만에 2배가 되기를 원하시나요? 목표 수익률을 정할 때는 앞에서 배운 72의 법칙을 활용해 봅시다.

주식투자의 목표를
세워 볼까요?

목표의 합리성

투자자 성향 분석, 투자기간, 그리고 목표 수익률에 대해 고민한다면 구체적이고 현실적인 투자 목표를 세울 수 있습니다. 사실 매년 20%의 투자 수익률을 달성하겠다는 계획을 세운다고 해서, 이를 의지만으로 달성할 수는 없습니다. 주가는 나의 의지나 노력과는 별개로 시장 상황에 따라 변하기 때문입니다.

투자 수익률이 시장상황에 달려 있는 것이라면, 이렇게 긴 시간을 들여 투자자 성향을 분석하고, 투자금의 투자 기간을 생각해 보고, 목표 수익률을 정하는 이유는 뭘까요? 이 작업의 목적은 목표를 달성하는 것에 있지 않습니다. 목표 수익률을 정함으로써 투자자들이 허황된 목표를 꿈꾸며 주식을 매매하는 것을 막아 주는 데 있습니다.

짧은 기간에 높은 수익률을 목표로 하다 보면 테마주 혹은 급등주에서 수익을 내려고 욕심을 낼 수 있습니다. 기업에 대한 분석 없이 하루하루의 주가 움직임에만 매몰되어 묻지마 투자를 하는 것이죠. 합리적인 투자 수익률 설정은 이런 상황에 빠지지 않게 도와줍니다.

초보투자자가 '나한테만 알려 주는 고급 정보'에 현혹되어, 당장 내일 급등할 거라는 주식을 사는 이유는 결국 투자의 가장 기본인 나의 투자 성향, 투자기간, 그리고 목표 수익률을 제대로 설정하지 않았거나 혹은 도중에 그것을 잊어버렸기 때문입니다. 결국 나의 투자 성향을 파악하고, 투자금의 투자기간과 목표 수익률을 정하는 것이 내 투자금을 잘 지켜 낼 수 있는 등대역할을 해 줄 것입니다.

제 경우를 예로 들어 볼게요. 주식유치원 쌤인 김파고는 일정 부분 원금 손실을 감내하고서라도 적극적인 투자 수익을 노리는 공격투자형 성향을 가지고 있습니다. 주식투자에는 장기간 투자할 수 있는 여윳돈으로 투자를 하고 있고요. 저의 목표 수익률은 연 20%입니다. 72의 법칙을 적용하면 저는 3.6년마다 투자원금이 2배가 되는 것을 목표로 투자하고 있는 셈이죠. 목표 수익률이 20%라니, 너무 낮은 것 아니냐구요? 연평균 20%의 수익률은 한 해 동안 달성하기는 어렵지 않을 수 있지만 꾸준히 장기적으로 달성하기는 매우 어려운 수치입니다. 세계에서 가장 성공한 투자자인 워런 버핏의 연평균 수익률이 20%라는 점을 잊지 마세요.

직접투자와 간접투자

주식에 투자하는 방법은 크게 직접투자와 간접투자로 나뉩니다. 직접투자가 투자자 본인이 직접 투자할 주식을 선택하는 것이라면, 간접투자는 펀드에 가입함으로써 내가 아닌 전문가가 대신 내 돈을 투자하도록 하는 방법이죠. 아마도 대부분 직접투자를 하기 위해 이 책을 읽을 것 같은데요. 하지만 주식에 직접 투자하기로 결정하기 전에 다음 질문에 대답하며 준비가 되었는지 체크하는 것이 필요합니다.

> **Q** 경제와 산업, 그리고 기업에 대해 끊임없이 공부하고 분석할 준비가 되어 있는가?
>
> **Q** 주기적으로 산업 내에서 기업의 경쟁력을 파악할 수 있는가?
>
> **Q** 세상 변화의 트렌드를 파악하고 이를 주식으로 연결할 수 있는가?
>
> **Q** 성공한 주식투자자들의 책을 읽고 나만의 투자론을 정립해 갈 수 있는가?
>
> **Q** 단기적인 주가 흐름에 연연하지 않고, 장기적인 관점에서 투자를 지속할 수 있는가?

다섯 가지 질문에 답하면서 어떤 생각이 들었나요? 직접투자를 통해 수익을 얻는 것이 생각보다 쉽지 않다는 생각이 들었나요? 맞습니다. 주식투자가 어려운 이유는 주식시장의 상황이 좋아야 수익을 낼 수 있다는 것 외에도 산업과 경제의 변화 및 투자한 기업에 대한 지속적인 관찰과 분석이 필요하기 때문입니다.

최근 직접투자지만 간접투자의 성격을 지닌 ETF*가 투자
자들에게 인기가 있는 이유도 이것입니다. 주식과 똑같이
사고팔 수 있는 펀드인 ETF는 시장의 지수를 추종하는 상
품은 물론 특정한 산업의 주식만을 모아서 만들거나, 특

● 짚어보기 Exchange Traded
Fund의 약자라고 했습니다. 1장,
6장 참조

정 투자전략을 적용하여 운용하는 등 직접 종목을 선정하여 투자하기 어려운 투자자들이 펀드
에 가입하지 않으면서도 주식에 투자할 수 있는 대안이 되고 있습니다.

직접투자와 간접투자, 그리고 그 중간 성격인 ETF까지 모두에게 정답인 투자 방법은 존재하
지 않습니다. 다만 투자 방법을 선택함에 있어 투자 성향, 투자기간, 목표 수익률과 더불어 내
가 과연 기업에 대해 꾸준히 분석하고 공부할 수 있을지를 고민해 봐야 합니다.

주식유치원
1학년

자, 이제 입학식을 마쳤으니 본격적으로 주식유치원 1학년에 진학할 시간입니다. 주식투자를 하기로 결심했다면 가장 먼저 할 일은 주식계좌를 만드는 것이겠죠? 이번 장에서는 증권사를 비교하고 계좌 만드는 방법과 계좌를 만든 뒤에 알아야 하는 증권회사의 서비스에 대해 알아 보겠습니다.

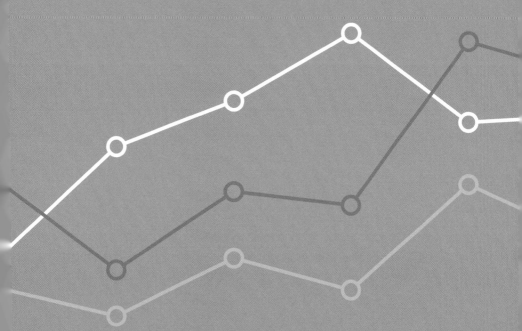

3장
주식투자를 하기 위한 준비물,
주식계좌와 HTS

주식계좌란 주식을 사고팔 수 있는 증권회사 계좌를 말합니다. 그렇다면 수많은 증권회사 중 어디에서 주식계좌를 개설하면 좋을까요? TV광고에서 본 증권사를 선택해야 하는지, 집 근처에 있는 증권사를 선택해야 하는지, 무엇을 기준으로 증권사를 선택하면 좋은지 헷갈립니다. 또한 증권사를 결정했다면 해당 증권사의 가까운 지점에 찾아가면 될까요? 아니면 은행에 가야 할까요? 스마트폰으로 개설할 수는 없을까요? 이번 장에서는 증권사를 비교하고 선택해서 계좌를 개설하는 방법까지 알려 줍니다.

계좌를 만들었다고 끝이 아닙니다. 이제 드디어 주식을 살 수 있는 건가 하는 부푼 마음에 주식을 거래하는 시스템인 HTS 혹은 MTS에 로그인을 해 보면 어떤가요? 수없이 많은 메뉴와 기능에 어디에서부터 시작해야 할지 감이 잡히질 않습니다. 초보투자자를 위해 꼭 필요한 HTS 화면구성과 필요한 화면들에 대해서도 배워 보도록 하겠습니다.

주식계좌,
어느 증권사에서 만들까요?

증권사 선택 시 고려할 사항들

2020년 12월 기준으로 금융투자협회에 등록된 금융투자업을 영위하는 증권회사는 총 58개였습니다. 50개가 넘는 증권회사를 어떤 기준으로 비교해서 선택해야 할까요? 증권사를 선택할 때 고려할 요소는 크게 수수료, 계좌개설 이벤트 유무, 트레이딩 시스템의 편의성, 고객센터 및 지점의 접근성 등이 있습니다.

① 수수료

증권회사가 고객들에게 받는 수수료의 종류는 다양합니다. 주식, 선물, 옵션, 채권 등을 사고팔 때 내는 매매수수료, 투자금을 이체하거나 보안매체를 발급할 때 등 업무를 처리할 때 내는 업무처리 수수료, 펀드와 같은 금융상품을 가입할 때 내는 선취 혹은 후취 수수료, 공모주를 청약할 때 내는 청약수수료 등이 있습니다. 이처럼 다양한 수수료 중에서도 주식계좌를 개설할 때 잘 따져 봐야 하는 수수료는 바로 주식을 사고팔 때 내는 매매수수료입니다.

매매수수료는 증권사마다 다르고 같은 증권사 계좌라도 계좌를 어떻게 만들었느냐에 따라 달라집니다. 다음 표는 2021년 1월 기준, 국내 8개 증권사의 매매수수료를 비교한 표입니다. 같은 증권사 계좌라도 영업점에서 대면으로 개설한 계좌와 스마트폰을 이용하여 비대면으로 개설한 계좌의 수수료율이 다르기 때문에 잘 살펴봐야 합니다.

국내 8개 증권사 매매수수료 비교 (2021년 1월 기준)

	영업점 계좌 수수료	1억 원 매매시 기본수수료	비대면 계좌 기본수수료	1억 원 매매시 기본수수료
키움증권	n/a		0.015%	15,000
미래에셋증권	0.14%	140,000	0.014%	14,000
NH투자증권	0.0941639% +2,500원	96,664	0.010%	10,000
한국투자증권	0.0971487%	97,149	0.0141527%	14,053
KB증권	HTS. 0.0773% MTS: 0.1973%	HTS. 77,300원 MTS: 197,300원	HTS. 0.015% MTS: 0.12%	HTS . 15,000원 MTS: 120,000원
삼성증권	0.0972160%	97,216	0.0972160%	97,216
신한금융투자	HTS: 0.1191639% MTS: 0.1891639%	HTS : 119,164원 MTS: 189,164원	0.013%	13,000
대신증권	0.0972959%	97296	0.015%	15,000

대면계좌의 매매수수료와 비대면계좌의 매매수수료는 큰 차이가 있는 것을 확인할 수 있습니다. 참고로 증권사별로 매매수수료가 얼마인지는 해당 증권회사의 홈페이지에 공시되어 있으니, 증권사를 선택하기 전에 스스로 직접 확인하고 비교하면 좋겠죠?

② 계좌개설 이벤트 유무

증권사를 비교할 때 놓치기 쉽지만 확인해야 하는 중요한 요소는 바로 계좌개설 이벤트 유무입니다. 이벤트가 존재할 경우에는 파격적인 매매수수료 할인이 제공되기 때문입니다. 다수의 증권사에서 가장 많이, 그리고 빈번하게 진행하는 이벤트는 최초고객이 비대면으로 계좌를 개설할 때 수수료 우대 혜택을 주는 것입니다. 즉, 해당 증권사에 한 번도 계좌를 보유하지 않았던 사람이 스마트폰을 이용해 비대면으로 계좌를 만든다면 국내주식 매매수수료를 평생 혹은 일정기간 동안 우대해 줍니다.

두 번째로 확인해 볼 이벤트는 네이버페이와 같은 플랫폼에서 증권사와 공동으로 진행하는 이벤트입니다. 해당 사이트에 접속하면 증권사와 협업하여 이벤트를 진행하곤 합니다.

③ 트레이딩 시스템의 편의성

증권사를 선택할 때 고려할 세 번째 요소는 바로 트레이딩 시스템의 편의성입니다. 주식을 사거나 팔기 위해서는 증권사의 트레이딩 시스템을 이용하게 됩니다. PC를 이용하는 트레이딩 시스템은 HTS(Home Trading System), 스마트폰을 이용하는 트레이딩 시스템을 MTS(Mobile Trading

System)라고 합니다.

HTS와 MTS는 증권사마다 이름부터 화면구성, 제공하는 기능까지 많이 다릅니다. 증권사 홈페이지에는 해당 증권사들의 트레이딩 시스템을 소개하는 상세페이지가 제공됩니다. 주요기능에는 어떤 것이 있고, 화면구성은 어떻게 되어 있는지 설명을 해 주기 때문에 한 번씩 읽어 보는 것이 좋습니다. 또한 인터넷 포털사이트에서 증권사의 트레이딩 시스템에 대한 다른 투자자들의 후기를 찾아 보는 것도 방법입니다.

한 증권사의 트레이딩 프로그램에 익숙해지면, 나중에 다른 증권사로 옮기기가 쉽지 않습니다. 사용하던 화면구성과 기능들이 달라지기 때문에 새로운 시스템을 사용하면 낯설고 어색하게 느껴지기 때문입니다. 그래서 더욱 첫 선택이 중요합니다.

④ 고객센터 및 지점의 접근성

지점이 없는 경우 문제가 생기면 고객센터에서 문제를 해결하지만, 대부분의 증권사는 각 지역에 지점이 있습니다. 당연히 집과 가까운 곳에 시설이 있다면 업무처리 중에 답답한 부분이 생겼을 때 지점을 방문해 문제를 해결하기가 쉽죠. 또한 지점이 많다는 건 그만큼 해당 증권회사의 규모가 크다는 뜻이기도 합니다.

⑤ 그 외 생각해 볼 요소들

투자자의 투자 스타일에 따라서 증권사를 선택하는 기준이 추가될 수 있습니다. 예를 들어, 공모주에 투자하는 투자자라면 내가 주로 사용하는 증권사가 공모주청약 주관을 자주 하는지 여부가 중요한 판단기준이 될 수 있겠죠. 내가 자주 사용하는 증권사라면 고객등급을 좋게 받을 수 있게 되고, 그렇다면 공모주청약에 있어 우대자격으로 인정받을 수 있으니까요.

또한 해외주식 투자에 관심이 많은 투자자라면 해외주식 매매수수료와 환전수수료가 중요한 판단기준이 될 것입니다. 국내주식 매매수수료와 다르게 해외주식 매매수수료의 경우에는 아직까지 증권회사별로 차이가 많이 나기 때문에, 해외주식 투자를 많이 하는 투자자라면 이 부분을 꼼꼼하게 비교해 보아야 합니다.

주식계좌 어디서, 어떻게 만들 수 있나요?

대면계좌개설과 비대면계좌개설

어떤 증권사를 이용할지 결정했다면, 이제 계좌를 개설할 차례입니다. 주식계좌를 개설하는 방법은 크게 2가지입니다. 증권사 지점 혹은 증권사와 연계된 은행에 직접 방문하여 계좌를 개설하는 '대면계좌개설'과 스마트폰 애플리케이션을 다운받아 계좌를 개설하는 '비대면계좌개설'입니다.

① 대면계좌개설

증권사 지점을 방문해 본 적이 있나요? 은행만큼은 아니지만 증권회사의 영업점도 찾아 보면 주위에 많습니다. 증권회사 영업점에 방문해 계좌를 개설하고 싶다면 다음 표를 참고해 서류를 준비해서 본인 혹은 대리인이 방문하면 됩니다.

1. 다음의 표를 참고해 필요서류를 준비한 후 선택한 증권사를 방문합니다.

구분	증빙서류
본인이 방문할 때 필요한 서류	신분증
대리인이 방문할 때 필요한 서류	가족관계증명서, 개설자 본인의 인감증명서, 위임장 등
20영업일 이내에 금융계좌를 개설했을 경우 지참해야 할 금융거래 목적 증빙서류	• 급여계좌 : 재직증명서, 근로소득원천징수영수증 등 • 공과금 이체 : 본인명의 공과금 납입 영수증 • 모임 계좌 : 구성원 명부 및 회칙 등 모임 입증서류 • 사업자금 계좌 : 사업거래 계약서 및 사업자등록증 등 • 그 외 계좌 : 개설목적을 확인할 수 있는 객관적 증빙서류 필요

2. 계좌개설신청서와 일반투자자 투자정보확인서를 작성해 제출하면 계좌번호가 적힌 통장과 증권카드를 발행해 줍니다.

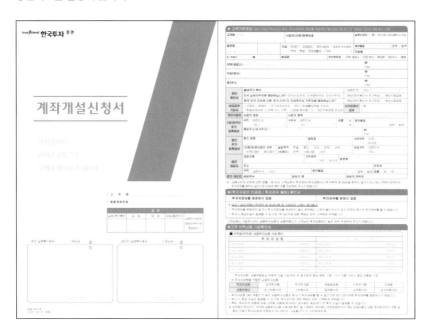

🐷 여기서 잠깐

영업점에서 계좌를 개설할 때 이건 꼭 알고 가야 해요!

영업점에서 계좌를 개설할 때의 유의사항으로는 인터넷뱅킹을 따로 신청해야 한다는 점입니다. HTS 혹은 MT3를 사용하기 위해서는 인터넷뱅킹 혹은 모바일거래 등을 신청해야 하기 때문에 직원에게 "PC 혹은 모바일로 주식거래를 하려고 하니 이와 관련하여 인터넷뱅킹 혹은 모바일거래를 신청해야 한다면 같이 신청해 주세요."라고 말하세요.

3. 증권사 홈페이지에서 회원가입 및 ID를 등록합니다.

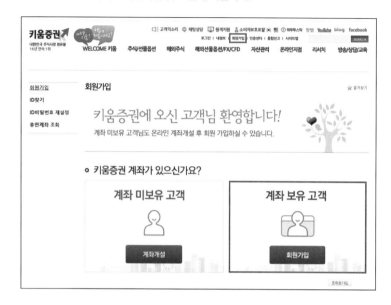

4. ID를 등록했다면 공동인증서(혹은 공인인증서)를 발급 받거나 등록합니다.

② 비대면계좌개설

계좌를 개설하는 두 번째 방법은 스마트폰을 이용하는 것입니다. 지점을 방문하지 않아도 되기 때문에 시간적, 공간적으로 제약이 없을 뿐더러 지점에서 만든 계좌보다 매매수수료가 더 저렴합니다. 비대면계좌개설이지만 PC로는 불가능하고 스마트폰 애플리케이션으로만 계좌개설이 가능합니다. 스마트폰을 이용한 계좌개설 시 필요한 준비물은 본인 명의의 스마트폰과 신분증입니다.

1. 원하는 증권사의 애플리케이션을 다운받습니다. 스마트폰의 플레이스토어 혹은 앱스토어에서 개설하고자 하는 '증권사이름+비대면계좌개설'이라고 검색합니다. 애플리케이션 이름에 증권회사 이름과 '계좌개설'이 적혀 있다면, 해당 애플리케이션을 다운 받아서 설치하면 됩니다.

2. 다운 받은 계좌개설 애플리케이션을 실행합니다.

3. 먼저 화면 정가운데 위치한 '계좌개설 시작하기'를 누릅니다.

4. 계좌개설을 위한 준비물 안내를 살펴본 뒤 '시작하기'를 누릅니다.

5. 정보입력 단계입니다. 이름과 주민등록번호, 통신사 및 휴대폰 번호를 입력한 후 인증하면 완료됩니다.

6. 고객정보를 입력하는 화면입니다. 질문에 대해 솔직하게 답변하면 됩니다. 자금의 원천을 묻는 질문의 경우 근로소득이라면 근로소득을, 연금이 주 투자금이라면 연금을 선택하면 됩니다. 계좌개설 목적 역시 제공되는 항목 중에 내가 계좌를 개설하는 이유를 선택하면 됩니다.

7. 주식계좌를 만들기 위해서는 종합®에 체크합니다.

💿 **짚어보기** 주식계좌를 개설하려고 하는데 종류가 많아 당황스러웠나요? 79쪽에서 자세하게 설명합니다.

----

8. 본인 명의의 은행 혹은 증권계좌를 입력하는 단계입니다. 자주 사용하는 은행 혹은 증권계좌를 입력합니다.

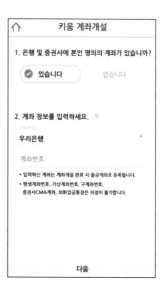

9. 신분증을 촬영하는 단계입니다. 신분증을 어두운 색 종이 위에 올려 두고 촬영하면 빛 번짐이 덜해서 인식이 잘됩니다. 또한 신분증에 빛이 반사되면 카메라 인식이 잘 안 되기 때문에 빛을 등지고 촬영하는 것이 좋습니다.

10. 신분증 촬영이 완료되었다면 마지막으로 계좌개설 신청서를 한 번 더 확인하고 '확인'을 누릅니다.

여기서 잠깐

증권사 계좌개설 시 어떤 계좌를 선택해야 하나요?

일반적으로 증권사에서 개설할 수 있는 계좌의 종류는 주식종합계좌, 주식+CMA계좌, 주식+CMA+연금저축계좌, 선물옵션계좌, 해외선물옵션계좌, FX마진계좌, 금현물계좌 등입니다. 주식종합계좌란 말 그대로 주식거래를 위해 필요한 계좌에요. 선물옵션계좌는 선물 혹은 옵션거래를 위해 필요한 계좌, 금현물계좌는 금을 거래하기 위한 계좌입니다.

이제 막 주식을 시작하는 초보투자자라면 주식과 CMA계좌를 선택해서 개설하면 됩니다. CMA계좌를 같이 만드는 이유는 주식계좌에 현금이 있을 경우 증권사에서 이자로 주는 예탁금이용료보다 CMA계좌로 현금을 옮겨둘 경우에 붙는 CMA이자율이 더 높기 때문이에요. 해외주식계좌를 따로 만들 필요는 없어요. 주식종합계좌를 만든 이후에 추가로 서비스 신청(이를 해외주식 약정이라고 부릅니다)하면 가능하기 때문에, 주식계좌를 만들었다면 같은 계좌로 해외주식도 매매할 수 있습니다.

종합매매계좌와 CMA계좌 2가지를 선택했다면 주식계좌 1개, CMA 계좌 1개 이렇게 총 2개의 계좌가 만들어집니다. 일반적으로 증권사에서는 한 번에 2가지 종류의 계좌를 만들 때는 계좌번호의 뒷자리만 다르게 부여하여 주식계좌와 CMA계좌를 구분합니다. 예를 들어 주식계좌는 맨 뒷자리에 01을 붙인 12345678-01을, 맨 뒷자리에 05를 붙인 12345678-05로 계좌번호를 부여합니다.

계좌는 만들었는데
주식거래는 어디서 하냐고요?

HTS 설치하기

주식계좌까지 만들었다면 이제 본격적인 주식투자를 위해 HTS를 설치해야 합니다. HTS 설치뿐만 아니라 주식거래를 위해서는 공동인증서 발급, 타기관 인증서 등록, 보안카드 혹은 OTP 등록, 주식계좌로 투자금 이체와 같은 기본적인 과정들이 필요합니다.

　해당 과정들은 온라인으로 금융거래를 하기 위해서 거쳐야 할 기본적인 과정입니다. 자, 지금부터 단계별로 차근차근 설명하겠습니다. HTS는 각 증권사 홈페이지에서 다운받아 설치할 수 있습니다.

1. 증권사 홈페이지에서 HTS를 다운받아 설치합니다. 홈페이지에 접속하면 나타나는 다음 화면에서 프로그램을 다운받을 수 있습니다.

2. 계좌개설 후에는 회원가입을 먼저 완료해야 합니다. 아직 홈페이지에서 회원가입을 하지 않았다면 회원가입 및 ID등록을 마무리합니다.

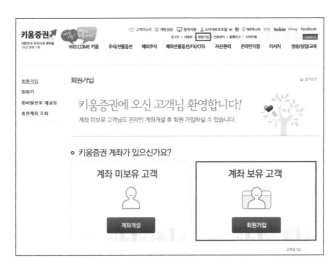

3. ID등록을 마쳤다면 공동인증서를 발급 받습니다. 증권회사 계좌를 처음 개설한 투자자라면 계좌를 개설한 증권사에서 발급 받으면 됩니다. 만약 다른 증권회사의 계좌를 이용했던 경험이 있어 공동인증서*를 이미 발급 받았다면 새로 계좌를 만든 증권사에서 이미 발급된 공동인증서를 '등록'하면 됩니다. 증권사에서는 이를 '타기관 인증서 등록'이란 메뉴로 안내하고 있습니다.

◉ **짚어보기** 2021년부터 공인인증서 제도가 폐지되고 공동인증서로 이름이 변경되었죠. 공동인증서라는 이름이 낯선 분들도 공인인증서는 익숙할 거예요.

4. 공동인증서 등록을 완료했다면 OTP를 등록합니다. 타금융기관에서 사용하는 OTP가 있을 경우에는 해당 OTP를 등록하면 됩니다. 다만 타금융기관 OTP가 없는 분들은 증권사 지점을 방문해 OTP를 발급 받을 수 있습니다. OTP가 없다고 해서 주식거래에 제한이 있는 것은 아닙니다. OTP를 등록해 두면 계좌로 돈을 입출금하는 한도를 높일 수 있습니다. 따라서 투자금이 크거나 투자금 이체를 자주해야 한다면 OTP를 발급 받는 것이 좋습니다.

MTS에서는 타기관 인증서를 어떻게 등록하나요?

MTS에서도 마찬가지로 '타기관 인증서 등록', 'OTP 등록', '인증서 내보내기/가져오기' 등을 처리할 수 있습니다. '타기관 인증서 등록' 혹은 '모바일 OTP 등록'과 같은 보안관련 메뉴는 대부분의 증권사에서 스마트폰 애플리케이션 상단 혹은 하단에 '인증센터'라는 메뉴를 통해 제공하고 있습니다. 하단에 '인증/OTP' 혹은 '인증센터'라는 메뉴를 제공하는 것을 확인할 수 있습니다. 해당 메뉴를 클릭함으로써 인증서 등록 및 모바일 OTP 등록 등을 진행할 수 있습니다.

PC/모바일 인증서 가져오기와 내보내기는 어떻게 하나요?

공동인증서는 가져오기와 내보내기 기능을 통하여 스마트폰과 PC에서 손쉽게 복사 및 이동할 수 있습니다. 홈페이지에서 '인증서 관리' 메뉴를 누르면 그림과 같이 '인증서 내보내기', '인증서 가져오기' 메뉴를 확인할 수 있습니다.

HTS의 구성요소
살펴보기

HTS 상단메뉴의 구성요소들

HTS에 로그인했다면 본격적으로 HTS와 친숙해질 시간입니다. 처음 HTS
에 들어 가면 수많은 메뉴와 팝업창으로 인해 많이 혼란스러울 수 있습니
다. 〈그림 3-1〉은 HTS 상단메뉴입니다.

| 그림 3-1 | HTS 상단메뉴

HTS에 로그인한 뒤에 메뉴화면을 하나씩 눌러 보면서 어떤 메뉴에서
어떤 기능을 제공하는지 직접 익혀 보는 것이 좋습니다. 이번 단원에서는
초보투자자들이 주식매매를 위해 꼭 필요한 메뉴들에 대해 조금 더 자세
히 알아보도록 하겠습니다.

① 기능

첫 번째 알아볼 메뉴는 HTS 상단메뉴의 가장 좌측에 있는 '기능'입니다. '기능' 메뉴는 HTS 이용 전반에 관한 기능을 위한 화면들을 모아 둔 곳입니다. 기능 메뉴의 '종합환경설정'은 꼭 체크해 봐야 합니다. 이 화면에서는 HTS 이용을 위해 필요한 환경들을 선택할 수 있습니다. 그중에서도 시작화면 설정에서 '프로그램 종료시의 화면 구성상태로 띄우기'를 누르면 다음에 다시 켤 때 HTS를 종료한 시점의 화면대로 화면이 구성됩니다. 이와 함께 '최대 조회화면 개수'를 기본값에서 필요한 숫자만큼 증가시키면 편리합니다.

| 그림 3-2 | HTS 종합환경설정

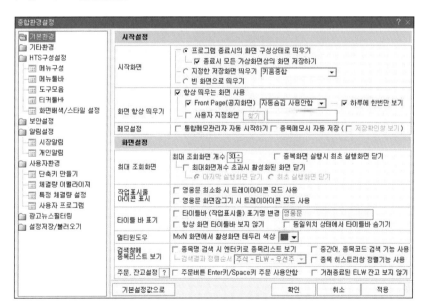

② 주식

두 번째 메뉴는 '주식'입니다. 종목 시세를 조회하는 현재가 화면부터 업종 시세, 시장시세를 파악하는 화면 등 '주식'의 가격과 관련된 수많은 정보들이 다양한 HTS 화면을 통해 제공됩니다. 〈그림 3-3〉은 주식의 현재가격과 매수호가, 매도호가를 확인하는 가장 기본적인 화면입니다.

| 그림 3-3 | HTS 현재가 (2021년 4월 6일 기준)

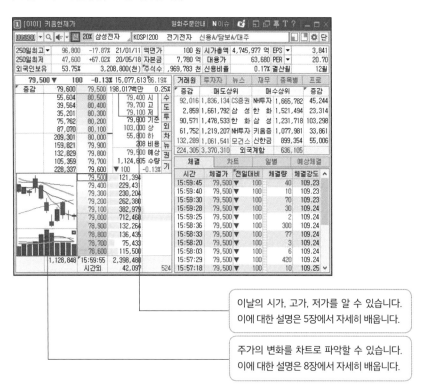

이날의 시가, 고가, 저가를 알 수 있습니다. 이에 대한 설명은 5장에서 자세히 배웁니다.

주가의 변화를 차트로 파악할 수 있습니다. 이에 대한 설명은 8장에서 자세히 배웁니다.

③ 주식주문

세 번째 메뉴는 '주식주문'입니다. '주식' 메뉴가 주식의 시세를 확인하는
기능이라면 '주식주문'은 주식을 사고팔기 위한 화면들이 모아진 곳입니
다. 주식을 주문하는 화면은 다양하지만 〈그림 3-4〉와 같이 '주식주문'을
이용하면 관심종목의 현재가와 차트까지 한 번에 확인할 수 있습니다.

| 그림 3-4 | HTS 주식종합 (2021년 4월 6일 기준)

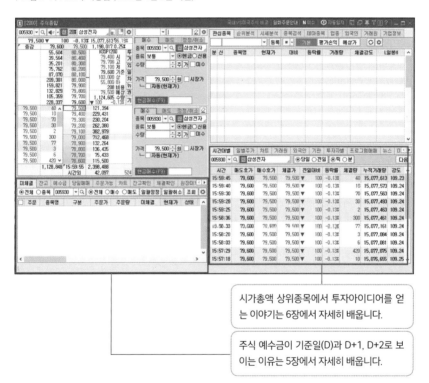

시가총액 상위종목에서 투자아이디어를 얻는 이야기는 6장에서 자세히 배웁니다.

주식 예수금이 기준일(D)과 D+1, D+2로 보이는 이유는 5장에서 자세히 배웁니다.

④ 투자정보

상단메뉴의 좌측에서 열 번째에 위치한 '투자정보' 메뉴는 시황과 뉴스, 리서치 정보 등 다양한 투자정보에 관한 기능을 모아 둔 곳입니다. 〈그림 3-5〉의 시장종합 화면에서는 국내 및 해외 주요지수의 움직임과 투자자별 매매동향, 그리고 투자자 예탁금 및 신용잔고까지 한 번에 확인할 수 있습니다.

| 그림 3-5 | HTS 시장종합

신용잔고에 대해서는 5장에서 자세히 배웁니다.

⑤ 차트

말 그대로 차트에 관한 다양한 HTS 화면을 모아 둔 곳입니다. 〈그림 3-6〉을 활용하면 개별종목의 차트뿐만 아니라 코스피지수 혹은 코스닥지수 차트도 조회할 수 있습니다. 원하는 차트 형태를 선택해 볼 수 있으며 원하는 지표를 왼쪽의 '차트형태'에서 선택해 보이도록 할 수 있습니다.

| 그림 3-6 | HTS 종합차트

차트의 가장 기본이 되는 봉차트에 대해서는 8장에서 자세히 배웁니다.

⑥ 온라인업무 및 자산관리

'온라인업무' 메뉴에서는 증권 계좌 관리에 필요한 이체, 출금, 공모주청약 및 기타 업무들을 위한 화면이 제공됩니다. 앞서 1장에서 상장의 개념을 배우면서 주식시장에 새롭게 상장되는 공모주에 대해서도 간단히 개념을 배웠습니다. 이와 같은 공모주에 청약하는 화면이 바로 〈그림 3-7〉입니다.

| 그림 3-7 | HTS 공모주청약

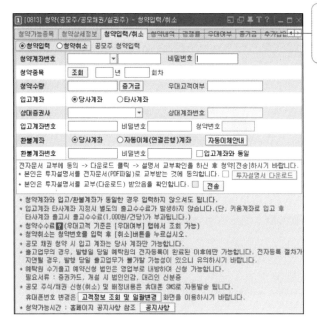

1장에서 배웠던 공모주에 청약하는 화면입니다.

'자산관리' 메뉴에서는 증권회사에서 고객들에게 판매하는 펀드, 랩 상품에 대한 상품정보가 제공됩니다. 직접 주식투자하기 어려운 투자자들은 펀드를 통해 간접적으로 주식에 투자하기도 합니다. 이렇게 펀드에 가입할 때 사용하는 화면이 〈그림 3-8〉입니다.

| 그림 3-8 | HTS 펀드매매

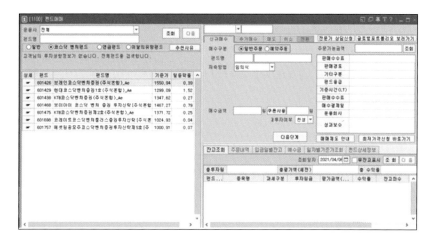

HTS 레벨업! 더 잘 활용하기

HTS만 잘 활용할 줄 안다면 초보투자자도 기관투자자 혹은 전업투자자만큼 다양한 정보를 신속하고 정확하게 확인할 수 있습니다. 이번 방과 후 과정에서는 HTS의 다양한 기능 중 초보투자자가 알아 두면 도움이 될 만한 중요 기능 및 화면에 대해 소개합니다.

모니터가 하나라도 괜찮아요!: 가상화면 기능

뉴스에 자주 나오는 증권회사의 장면은 이렇습니다. 한 사람이 수많은 모니터의 수치들을 심각한 표정으로 바라봅니다. 이유는 다양한 차트와 정보를 실시간으로 봐야 하기 때문이죠. 하지만 일반투자자가 집에 모니터를 8대씩 두기는 어렵습니다. 이럴 때 사용할 수 있는 기능이 바로 가상화면 설정입니다.

가상화면 설정은 〈그림 3-9〉와 같이 숫자를 눌러 사용할 수 있습니다. 단축키로는 Ctrl 키와 숫자를 같이 누르면 해당 숫자의 화면으로 이동하게 됩니다. 모니터가 1대인 컴퓨터로는 많은 메뉴화면을 한 창에 띄우기 어렵습니다. 그럴 때 사용하는 것이 바로 이 가상화면입니다.

예를 들어 1번 화면에는 시장 전반의 흐름을 확인할 수 있는 지수등락과 투자자별 매매동향을, 2번 화면에는 관심종목과 주식주문 화면을, 3번 화면에는 주식차트 화면을, 4번 화면에는 계좌잔고 및 기간 손익 조회화면을 띄워 놓고 사용하는 거죠.

| 그림 3-9 | HTS 가상화면 설정

외국인과 기관은 샀을까 팔았을까?: 투자자별 매매동향

'외국인이 10일 연속 순매수했다. 기관이 나흘째 순매도 행진을 이어갔다'와 같이 언론에서 자주 언급되는 외국인과 기간의 매매동향을 HTS에서도 손쉽게 확인할 수 있습니다. 〈그림 3-10〉을 통해 코스피, 코스닥, 선물, 옵션에서 각 투자주체별 매매동향을 파악할 수 있습니다. 지수뿐만 아니라 〈그림 3-11〉을 통해서 개별종목별로 투자 주체들의 매매동향도 확인할 수 있습니다.

| 그림 3-10 | HTS 투자자별 매매동향: 일별동향/차트

| 그림 3-11 | HTS 투자자별 매매동향: 종목별투자자

주식투자를 하기 위한 준비물, 주식계좌와 HTS　　**093**

현재 시장의 인기 종목을 살펴보자!: 거래대금 상위 종목

주식시장에는 늘 어떤 테마나 트렌드가 존재합니다. 어떤 테마는 장기간에 걸쳐 상승을 지속하는 반면, 어떤 테마는 며칠 지나지 않아 사그라들죠. 시장 참여자들이 현재 어떤 테마에 관심을 두고 있는지는 거래대금 조회를 통해 확인할 수 있습니다. 거래대금이 크다는 건 그만큼 수많은 사람이 해당 종목을 거래했다는 뜻이기 때문이죠.

| 그림 3-12 | HTS 거래대금 상위

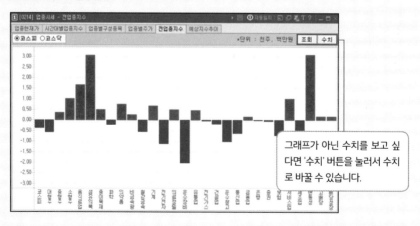

개별종목이 아닌 업종현황을 보면 큰 그림이 보인다!: 업종지수 확인하기

'거래대금 상위 종목' 조회로 개별종목에 집중하여 시장의 움직임을 파악할 수 있었다면, 업종의 등락 현황을 통해서는 어떤 업종으로 시장의 자금이 몰리는지 확인할 수 있습니다.

| 그림 3-13 | HTS 업종시세

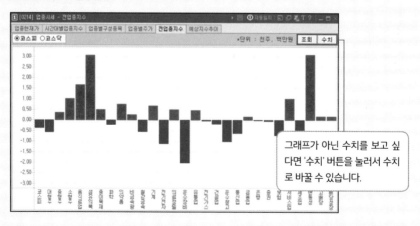

> 그래프가 아닌 수치를 보고 싶다면 '수치' 버튼을 눌러서 수치로 바꿀 수 있습니다.

공매도가 많은 종목은 피하자!: 종목별 공매도 현황

공매도가 많은 종목은 그만큼 해당 종목의 주가 하락을 예상하는 투자자가 많다고 해석할 수 있습니다. 공매도에 대해서는 5장에서 자세히 설명합니다. 〈그림 3-14〉의 종목별 공매도 추이를 통해 해당 종목의 누적공매도량과 매매에서 차지하는 비중을 확인할 수 있습니다.

| 그림 3-14 | HTS 종목별 공매도 추이

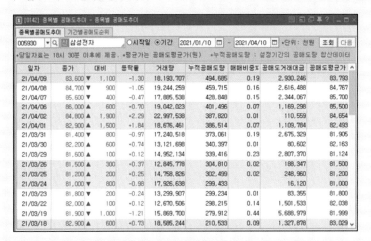

4장

주식매매 시작하기

HTS에 적응하고 본격적으로 주식을 매매하려고 하니 모르는 것이 많습니다. 주식은 24시간 거래가 될까요? 매수호가와 매도호가는 뭘까요? 주식을 사거나 팔 때 가격은 어떻게 정해서 주문할까요? 똑같은 가격으로 매수주문을 했다면 누구의 주문이 먼저 체결될까요? 하루에 주가가 상승하거나 하락할 수 있는 폭은 제한이 있을까요? 이처럼 실제로 주식을 거래하려고 하면 여러 가지 의문들이 생깁니다. 이번 장에서는 기본적으로 알아야 하는 주식매매의 규칙을 알아보고 HTS에서 주문하는 방법에 대해 배우는 시간을 갖도록 하겠습니다.

거래시간은 언제인가요?

정규장과 시간외시장

매매란 팔 매(賣)와 살 매(買)가 합쳐진 한자어로 매도는 파는 것을, 매수는 사는 것을 의미합니다. 주식을 매매하려면 주식을 거래하는 주식시장이 열려야겠죠? 주식의 거래시간은 크게 정규장과 시간외시장으로 나뉩니다.

① 정규장

주식시장의 정규장은 매주 월요일부터 금요일까지 평일 중 공휴일을 제외하고, 오전 9시에 시작해서 오후 3시 30분에 마감합니다.

② 시간외시장

주식시장은 정규장 이외에도 '시간외시장'이 존재합니다. 정규장이 열리기 전에 거래되는 시장을 '장전 시간외시장'이라 하고, 정규장이 마감한 뒤

시장 구분		거래가능 시간
정규장		09:00 ~ 15:30
시간외시장	장전 시간외시장	08:30 ~ 08:40
	장후 시간외시장	15:40 ~ 18:00

에 열리는 시장을 '장후 시간외시장'이라고 합니다. 장전 시간외시장은 오전 8시 30분부터 40분까지 10분 동안 열리고, 장후 시간외시장은 오후 3시 40분부터 오후 6시까지 열립니다.

③ 장전 시간외시장

오전 8시 30분부터 40분까지 10분 동안 열리는 시장입니다. 장전 시간외시장에서는 가격을 지정하지 못하고 어제 마감된 주가인 전일 종가로만 주식을 사거나 팔 수 있습니다.

④ 장후 시간외시장

'장후 시간외종가'와 '시간외단일가'로 나뉩니다. 오후 3시 40분부터 4시까지 20분 동안은 오늘 주가가 마감한 종가로만 주식을 사거나 팔 수 있는 '장후 시간외종가' 시간입니다. 오후 4시부터 6시까지는 '시간외단일가' 시간으로 정규장 종가의 +10%에서 -10% 사이로 가격을 지정해서 주문을 할 수 있습니다.

동시호가란 무엇인가요?

동시호가란 일정 시간 동안 주문을 모아 두었다가 '동시에' 체결하는 체결방식입니다. 동시호가는 크게 시가 동시호가와 종가 동시호가로 나뉩니다.

① 시가 동시호가

시가 동시호가는 오전 8시 40분부터 정규장이 시작되는 오전 9시까지 진행됩니다. 9시에 정규장이 시작되면서 20분 동안 모인 주문이 한 번에 체결됩니다. 시가 동시호가가 존재하는 이유는 주식의 시초가를 결정하기 위함입니다. 시초가란 정규장에서 시작하는 주식의 가격을 말합니다.

② 종가 동시호가

종가 동시호가는 오후 3시 20분부터 정규장이 마감하는 오후 3시 30분까지 진행됩니다. 정규장이 종료되기 전 10분 동안 주문을 모아 두었다가 오후 3시 30분에 정규장이 마감하면서 한 번에 체결됩니다. 종가 동시호가는 주식의 종가를 결정하기 위해 존재합니다. 종가란 정규장에서 마감되는 주식의 가격을 의미합니다.

얼마에 사야 하나요?

호가와 호가단위, 매매주문수량

한국거래소의 '매매거래제도일반'에 따르면 호가에 대해 다음과 같이 정의하고 있습니다. "호가는 거래소의 회원인 증권회사가 자기명의로 시장에 매도 혹은 매수의 의사표시를 하는 것을 말합니다. 즉, 회원(증권회사)은 고객(투자자)의 주문을 위탁받아 주문을 거래소에 호가하여야 합니다."

섭게 말하면 호가란 주식을 사거나 팔기 위해 가격을 제시하는 행위 혹은 가격을 의미합니다. 예를 들어 삼성전자 주식을 사기 위해 81,000원이라는 가격에 매수주문을 냈다면, '81,000원에 매수호가를 냈다'고 표현할 수 있는 것이죠.

① 호가단위

주식을 사거나 팔 때 내 마음대로 주식 가격을 정해서 매수, 매도호가를 낼 수 있을까요? 예를 들어 숫자 7이 행운을 준다고 믿고 삼성전자를

호가의 단위

주식의 가격	단위
1,000원 미만	1원
1,000원 이상 5,000원 미만	5원
5,000원 이상 10,000원 미만	10원
10,000원 이상 50,000원 미만	50원
50,000원 이상 100,000원 미만	100원
100,000원 이상 500,000원 미만	500원
500,000원 이상	1,000원

81,777원에 매수하고 싶다고 해서 81,777원에 매수호가를 낼 수 있을까요?

정답부터 말하자면 그럴 수는 없습니다. 이유는 한국거래소에서 주식의 호가단위를 정해 두었기 때문입니다. 위의 표는 주식의 가격에 따른 호가단위입니다. 50,000원 이상 100,000원 미만의 주식은 호가단위가 100원으로 나와 있죠? 삼성전자의 주가는 이 사이에 해당하기 때문에 호가의 단위가 100원입니다.

② 매매주문 수량

지금은 모든 종목에 대해서 1주 단위로 주문을 낼 수 있습니다. 정규장이든 시간외시장이든 상관없이 말이죠. 주식을 이렇게 1주 단위로 주문하는 것이 당연하게 여겨지지만, 사실 모든 주식을 1주 단위로 주문할 수 있게된 건 2014년 6월부터 가능해졌어요. 2014년 6월 이전에는 주가가 50,000원 미만인 종목에 대해서는 주문의 최소단위가 10주였기 때문에 주가가 낮은 종목은 1주 단위로 거래할 수가 없습니다.

| 그림 4-1 | HTS 주식종합 화면

6자리 숫자는 종목번호, 종목명 앞의 20%는 해당 주식의 증거금률을 의미합니다. 증거금은 5장에서 배웁니다.

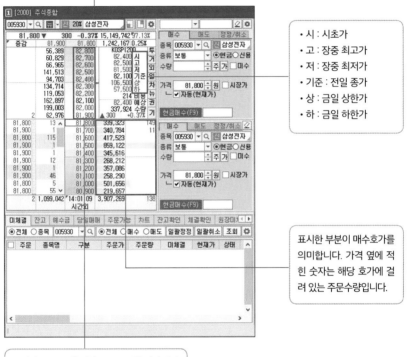

• 시 : 시초가
• 고 : 장중 최고가
• 저 : 장중 최저가
• 기준 : 전일 종가
• 상 : 금일 상한가
• 하 : 금일 하한가

표시한 부분이 매수호가를 의미합니다. 가격 옆에 적힌 숫자는 해당 호가에 걸려 있는 주문수량입니다.

주가가 50,000원 이상 100,000원 미만이기 때문에 호가 단위는 100원인 것을 확인할 수 있습니다.

어떻게 사야 하나요?

매매주문의 종류

매수호가와 매도호가도 배웠으니 이제 주식을 주문하려고 주문화면을 열었는데 선택할 수 있는 매매주문의 종류가 다양해서 당황했나요? 지금부터는 매매주문의 유형에 대해 알아 보겠습니다. 〈그림 4-2〉에서 '종목' 밑에 '종류'를 선택하면 주문방식을 지정할 수 있습니다.

| 그림 4-2 | 매수주문

① 지정가주문

주식을 주문할 때 가장 일반적으로 쓰이는 주문방식입니다. 〈그림 4-2〉
처럼 '보통'이 선택되어 있으면 지정가주문입니다. 지정가주문이란 종목,
수량, 가격을 투자자가 지정하여 주문을 내면, 투자자가 지정한 가격 혹은
그 가격보다 유리한 가격으로 매매가 체결됩니다. 지정하여 주문했는데
어떻게 그 가격보다 유리한 가격으로 체결될 수 있냐고요?

| 그림 4-3 | 주식현재가

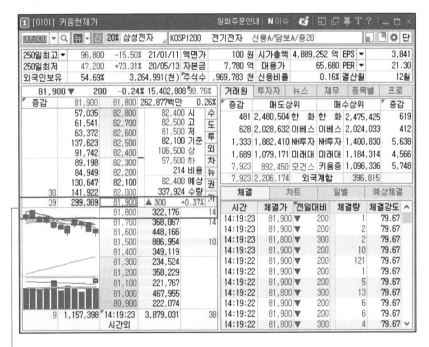

가장 낮은 매도호가 81,900원에 299,369주
매도주문이, 가장 높은 매수호가 81,800원
에 322,176주 매수주문이 쌓여 있습니다.

<그림 4-3>에서 현재 매도호가는 81,900원, 매수호가는 81,800원입니다. 현재 상황에서 즉시 체결되게끔 매수주문을 한다면, 매도호가 중 제일 낮은 가격인 81,900원에 매수주문을 넣으면 됩니다. 그런데 내가 매수주문을 내려고 하기 직전에 갑자기 누군가 주식을 대량으로 팔면서 매도호가가 81,700원까지 내려갔다고 가정해 볼게요. 그 뒤에 나는 지정가주문으로 81,900원에 매수주문을 낸 상황입니다.

나는 주식을 81,900원에 사겠다고 호가를 제출했지만, 호가를 제출한 순간 매도호가가 81,700원까지 내려간 상황입니다. 81,900원에 사겠다고 가격을 지정했지만, 실제 체결가격은 81,900원이 아니라 매도호가 중 가장 낮은 가격인 81,700원에 체결됩니다. 이런 상황이 있을 수 있기 때문에 지정가주문은 투자자가 지정한 가격 혹은 그 가격보다 유리한 가격으로 체결되는 주문방식입니다.

② 시장가주문

시장가주문이란 시장에서 정해진 가격에 사거나 팔겠다는 주문방식입니다. 매매주문 시 종목과 수량은 지정하지만, 가격은 지정하지 않는 주문방식이죠. 주문하는 시점에서 즉시 주식을 사거나 팔고자 할 때 적합한 주문유형입니다.

예를 들어 <그림 4-3>의 호가를 다시 살펴볼게요. 현재 매도호가는 81,900원이고 매수호가는 81,800원인 상황에서 시장가로 매수주문을 하면 매도호가 중 가장 낮은 가격인 81,900원에 바로 주식이 매수됩니다.

| 그림 4-4 | 주문종류에서 시장가주문 선택 시

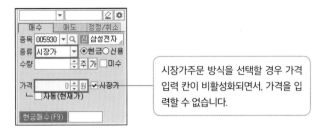

시장가주문 방식을 선택할 경우 가격 입력 칸이 비활성화되면서, 가격을 입력할 수 없습니다.

시장가주문은 주문을 내는 즉시 체결되는 방식이기 때문에 가격에 상관없이 수량을 확보할 때는 유용하지만, 이러한 특성 때문에 시장의 가격이 급하게 변동하는 상황에서는 불리할 수 있습니다. 주식의 가격을 지정하지 않기 때문에 주가가 심하게 변동하는 경우 얼마에 주문이 체결될지 예상하기 어려운 거죠.

따라서 시장가주문은 매수, 매도호가가 얇고*, 주가가 급변하는 상황에서는 특히 조심해야 합니다. 분명 81,900원에 체결될 줄 알고 시장가로 매수수분을 넣었는데, 주문을 내는 짧은 찰나에 주가가 크게 변동하면서 훨씬 높은 가격에 매수주문이 체결될 수도 있기 때문입니다.

💡 짚어보기 해당 가격에 주식을 사거나 팔려는 대기 주문수량이 적을 때를 의미합니다.

③ 조건부지정가주문

조건부지정가주문이란 정규장 시간에는 지정가주문으로 체결되다가 종가가 결정되는 장 종료 10분을 남기고 시장가주문으로 자동으로 바뀌는 주문방식입니다. 정규장이 마감되기 10분 전인 오후 3시 20분까지 주문이 체결되지 않았다면, 종가 동시호가 때 자동으로 시장가주문으로 바뀌어 무조건 체결되게끔 하는 방식입니다.

앞서 〈그림 4-3〉의 상황에서 주식을 매수하기 위해 81,000원에 조건부지정가주문으로 매수주문을 걸어 두었다고 가정하겠습니다. 매수주문 당시 81,900원이었던 주가는 이후에 81,000원까지 가격이 떨어지지 않고 〈그림 4-5〉처럼 동시호가에서는 매도호가가 81,800원인 상황입니다.

이와 같은 상황에서는 오후 3시 20분까지 81,000원에 매수주문으로 남아 있던 내 주문수량이 종가 동시호가에 들어가는 3시 20분부터 시장가주문으로 바뀌게 됩니다. 주가는 이날 81,800원에 종가가 결정되었습니다. 따라서 81,000원에 조건부지정가로 주문을 건 주문은 종가인 81,800원에 체결이 됩니다.

| 그림 4-5 | 조건부지정가주문 예시

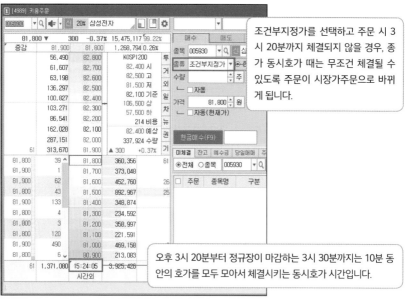

조건부지정가를 선택하고 주문 시 3시 20분까지 체결되지 않을 경우, 종가 동시호가 때는 무조건 체결될 수 있도록 주문이 시장가주문으로 바뀌게 됩니다.

오후 3시 20분부터 정규장이 마감하는 3시 30분까지는 10분 동안의 호가를 모두 모아서 체결시키는 동시호가 시간입니다.

조건부지정가주문은 언제 사용하는 것이 유용할까요? 정규장 시간에는 지정한 가격으로 주문이 체결되기를 기다리다가, 정규장이 마무리될 때에는 지정한 가격이 되지 않더라도 꼭 해당 주문을 체결시켜야 할 때 사용하면 유용합니다.

④ 최유리지정가주문와 최우선지정가주문

최유리지정가주문과 최우선지정가주문은 글자가 매우 비슷하기 때문에 헷갈릴 수 있지만 '유리'와 '우선'의 뜻을 생각해 보면 두 주문방식의 차이를 쉽게 눈치챌 수 있습니다. 먼저 최유리지정가주문이란 상대방의 최우선호가로 가격이 지정되어 주문되는 주문방식입니다. 최유리지정가는 매수주문에서는 매도호가 중 주문자에게 가장 유리한 호가에만, 매도주문에서는 매수호가 중 주문자에게 가장 유리한 호가에만 주문이 체결되고 남은 잔량은 해당 가격에 지정가로 남는 방식입니다. 반면에 시장가주문은 상대방의 최우선호가부터 내가 주문한 수량을 모두 체결시킬 때까지 호가들을 다 잡아 먹으면서 체결이 되는 방식입니다.

〈그림 4-6〉의 상황에서 최유리지정가주문으로 500,000주 매수주문을 하면 어떻게 될까요? 현재 가장 낮은 매도호가 81,900원에 326,206주의 매도수량이 있기 때문에, 500,000주 주문수량 중에서 326,206주는 81,900원에 매수체결이 즉시 완료됩니다. 체결이 되지 않은 173,794주는 81,900원에 매수잔량으로 남게 되죠. 내가 주문하기 이전에는 가장 높은 매수호가가 81,800원이었다면 '최유리지정가주문' 500,000주로 인해서 매수호가가 81,900원으로 한 호가 올라가게 됩니다.

| 그림 4-6 | 최유리지정가주문 및 최우선지정가주문 예시

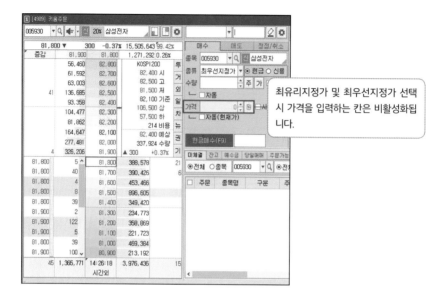

최유리지정가 및 최우선지정가 선택 시 가격을 입력하는 칸은 비활성화됩니다.

그렇다면 최우선지정가주문은 어떤 방식일까요? 최우선지정가주문은 주문을 넣는 방향(매수 혹은 매도)에서 가장 우선적인 호가로 가격이 지정되어 호가가 제출되는 주문입니다. 〈그림 4-6〉의 상황에서 최우선지정가주문으로 50,000주 매수주문을 하면 어떻게 될까요? 현재 가장 높은 매수호가가 81,800원이고 매수 대기수량이 388,578주입니다. 따라서 최우선지정가주문으로 50,000주 매수주문을 넣는다면 매수호가 81,800원에 50,000주 매수주문이 추가로 쌓이게 됩니다. 결국 81,800원 매수호가에는 총 매수 대기수량이 438,578주로 바뀌게 되죠.

조금 더 편하게
주문하려면?

매매주문의 조건 IOC, FOK

지금부터는 주문방식에 추가적인 조건을 설정하는 기능, IOC와 FOK에 대해 살펴보겠습니다. 주문조건을 선택하는 방식 역시 매수/매도주문 화면에서 종류를 선택해야 합니다. 주문방식 옆에 괄호로 IOC, FOK와 같은 조건이 표시된 종류를 선택하면 됩니다.

① IOC

IOC는 Immediate or Cancel의 약자입니다. 호가주문이 접수되는 시점에 바로 체결할 수 있는 수량만 체결되고 나머지 수량은 취소되게끔 하는 조건입니다. 〈그림 4-7〉에서 81,700원에 보통(IOC)주문으로 300,000주 매도주문을 했다고 가정해 볼게요. 81,700원에 288,972주가 매도 대기 중인 상태이므로 288,972주는 바로 매도체결이 됩니다. 매도주문 300,000주 중에서 체결되지 않은 11,028주는 바로 매도주문이 취소되죠.

| 그림 4-7 | 주문 종류에서 선택할 수 있는 주문조건 방식

주문 종류를 클릭하면 5가지 주문방식 아래에 'IOC'와 'FOK'가 적힌 것을 확인할 수 있습니다.

② FOK

FOK는 Fill or Kill의 약자입니다. 호가주문이 접수되는 시점에 내가 정한 수량을 모두 체결할 수 있을 때만 주문을 체결하고, 일부 수량만 체결할 수 있는 경우는 해당 거래를 체결하지 않도록 하는 주문조건입니다. 같은 상황에서 81,700원에 보통(FOK)주문으로 300,000주 매도주문을 했다면 어떻게 될까요? 81,700원 매도호가의 매도 잔량이 300,000주에서 10,000주 가량 부족한 288,972주이기 때문에 300,000주가 전부 체결될 수 없는 상황입니다. 따라서 해당 주문은 체결되는 수량 없이 300,000주 전부 주문이 취소됩니다.

IOC와 FOK의 주문조건 차이, 이제 이해되나요? 지정가에만 IOC와 FOK를 적용하여 설명했지만, IOC와 FOK의 개념만 정확히 이해했다면 시장가 IOC와 시장가 FOK의 차이, 최유리지정가 IOC와 최유리지정가 FOK의 차이도 금방 이해가 될 거예요.

🌐 여기서 잠깐

IOC, FOK는 언제 적용할 수 있나요?

IOC와 FOK는 지정가주문, 시장가주문, 최유리지정가주문에만 적용할 수 있어요. 〈그림 4-7〉에서도 보통(지정가), 시장가, 최유리지정가 이 3가지 주문방식에만 IOC, FOK를 선택할 수 있도록 되어 있습니다. 즉, 조건부지정가와 최우선지정가방식에는 IOC와 FOK 주문 조건을 설정할 수 없어요.

빠르면 장땡?

매매체결의 원칙

주식을 주문하는 방식에 대해 배웠으니, 매매주문이 어떻게 체결되는지 체결방식 또한 알아야겠죠? 주식시장의 매매체결 원칙은 정규장 거래시간과 그 외의 거래시간에서 서로 다릅니다.

① 정규장 거래에서의 매매원칙

정규장 거래시간인 오전 9시에서 오후 3시 20분에는 '복수가격에 의한 개별경쟁매매 원칙'이 적용됩니다. 복잡하게 느껴지지만 주식이 체결되는 보통의 상황을 생각하면 간단합니다.

　정규장 거래시간에 해당 종목에 변동성 완화장치가 걸려 있지 않은 일반적인 거래상태에서는 접속매매가 이뤄집니다. 접속매매에서는 매수호가와 매도호가를 경합시켜 첫 번째는 가격우선의 원칙으로, 그리고 가격이 같을 때는 시간우선의 원칙으로 주문을 체결시킵니다.

A라는 종목을 사려는 투자자 B가 10,000원에 매수주문을 넣고, 투자자 C가 10,100원에 매수주문을 넣었다면 가격우선 원칙에 의해 C의 호가가 B의 호가보다 먼저 체결되는 것이죠. 물론 매도하려는 주문이 있을 때에 한해서 말이죠. 반대로 투자자 B와 C가 같은 10,000원에 매수주문을 넣는다면, 가격이 동일하기 때문에 시간우선 원칙이 적용되어 호가주문 접수 시간이 더 빠른 B의 주문이 우선 체결됩니다.

가격도 같고, 시간도 같으면 어떻게 되냐고요? 거래소에 호가가 접수되는 시간을 계산할 때는 슈퍼컴퓨터가 매우 세밀하게 구분하기 때문에 시간이 동일하기는 어렵지만, 그럼에도 똑같은 시간에 호가가 접수된다면 그런 경우에는 수량우선의 법칙이 적용되기 때문에 더 많은 수량을 주문한 호가가 먼저 체결됩니다.

🌐 **여기서 잠깐**

변동성 완화장치 (VI ; Volatility Interruption)란?

개별 종목의 주가가 순간적으로 급변할 때 주가의 체결방식을 접속경쟁매매가 아닌 2분 동안 단일가 매매방식으로 바뀌도록 하는 장치입니다. 변동성 완화장치인 VI가 존재하는 이유는 장중에 개별종목의 주가가 순간적으로 급변하는 상황에서 투자자들이 피해를 볼 수 있기 때문입니다. 투자자의 주문 실수 혹은 수급의 불균형 등으로 주가가 일시적으로 급변할 때 변동성 완화장치를 통해 투자자들이 흥분을 가라앉히게끔 주식 거래에 냉각기간을 주는 것이죠. VI가 발동되면 체결방식은 경쟁매매에서 2분 동안 단일가 매매방식으로 바뀝니다. 초단위로 급변하던 가격의 변화가 2분 동안 매매주문이 누적되면서 가격의 급변을 완화하도록 유도하는 것이죠.

투자자로서는 개별 종목에 대한 주가 변동이 심해지면 변동성 완화장치인 VI가 발동되고, VI가 발동되면 2분 동안 단일가 매매방식으로 주가가 거래된다는 사실을 알아 두는 편이 좋습니다. 변동성 완화장치는 발동횟수에 제한이 없기 때문에 발동요건이 충족되면 하루 중에라도 여러 번 발동될 수 있습니다.

② 동시호가 및 단일가 매매에서의 매매원칙

먼저 시초가를 결정하는 시가 동시호가와 종가를 결정하는 종가 동시호가의 상황을 살펴볼게요. 동시호가에서는 주문이 들어온 호가를 '동시에' 접수된 것으로 간주하기 때문에 시간우선의 원칙은 적용되지 않습니다. 따라서 가격이 체결을 결정짓는 가장 중요한 요소가 됩니다. 가격이 같은 호가의 경우에는 수량우선의 원칙을 적용하여 주문량이 많은 호가가 먼저 체결되는 방식입니다. 따라서 동시호가에서 가격은 주식을 사려는 사람이 낸 주문과 주식을 팔려는 사람이 낸 주문을 합하여 가장 많이 체결이 가능한 가격으로 체결이 됩니다.

반면 정규장이 끝나고 오후 4시부터 6시까지 진행되는 시간외단일가 매매에서는 10분에 한 번씩 체결되지만, 이때의 체결원칙은 정규장의 접속매매와 동일하게 첫 번째는 가격우선, 두 번째는 시간우선의 원칙을 적용합니다.

지금까지 주문이 체결되는 원칙에 대해 알아 보았습니다. 그럼 실제 주식주문에서 내 주문이 몇 번째로 체결되는지, 즉 대기순서를 알 수 있을까요? 수많은 거래가 초단위로 이루어지는 주식거래에서 내 주문이 전체 주문 중에서 몇 번째 순서인지 정확히 알기는 어렵습니다. 하지만 〈그림 4-8〉 주식주문의 잔량분석 화면을 통해 현재 매매호가에 남아 있는 매수 수량 혹은 매도수량을 자세히 확인할 수 있습니다.

| 그림 4-8 | HTS X-Ray 잔량분석

세력 칸에 분석하고 싶은 수량을 입력하면 해당 숫자 이상의 주문건에 대해서만 세력으로 간주하고 분포를 학인할 수 있습니다.

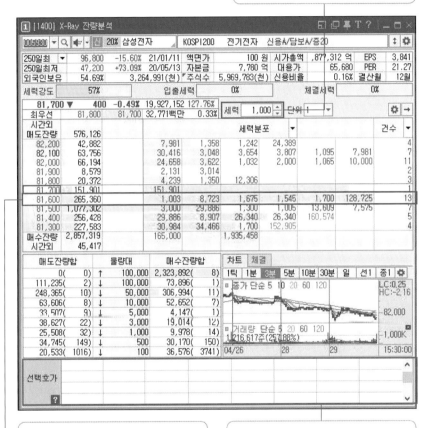

매수호가 81,600원의 매수잔량 265,360주 중에 1,000주 이상 주문을 한 세력의 분포를 확인할 수 있습니다.

호가를 클릭할 경우, 해당 호가에 매수주문 순서대로 잔량을 확인할 수 있습니다.

〈그림 4-8〉는 해당 호가의 매매수량 중에 주문단위가 큰 주문들을 볼 수 있는 화면입니다. 현재 세력 칸에 1,000주로 지정해 두어 매매수량이 1,000주 이상인 주문을 X-Ray를 보듯이 잔량을 분석한 화면을 볼 수 있습니다. 예를 들어 81,600원의 매수잔량 265,360주 중에서 1,000주 이상의 매수주문을 넣은 것은 총 13건이며 주문시간이 빠른 순서대로 1,003주, 8,723주, 1,675주, 1,545주, 1,700주, 128,725주임을 확인할 수 있습니다.

얼마나 높게 혹은 낮게
주문할 수 있나요?

가격제한폭과 서킷브레이커

주식투자자들의 공통된 꿈이 있다면 그건 아마 내가 보유한 주식이 상한가를 가는 것이 아닐까요? '상한가', '하한가'라는 말을 한 번쯤은 들어 보았을 거예요. 상한가란 주가가 하루 동안 오를 수 있는 최고의 가격으로 오른 상태 혹은 그 가격을, 반대로 하한가란 주가가 하루동안 내릴 수 있는 최저의 가격으로 내려간 상태 혹은 그 가격을 뜻합니다.

① 개별종목의 제한폭

우리나라 주식시장에서는 전일 종가 대비 변동될 수 있는 가격폭에 제한을 두고 있습니다. 이를 가격제한폭 제도라고 부릅니다. 상승할 수 있는 가격의 최대치를 상한가, 하락할 수 있는 가격의 최저치를 하한가라고 합니다. 즉, 상한가는 전일 종가 대비 30% 상승한 주식의 가격을 의미하며, 하한가는 전일 종가 대비 30% 하락한 주식의 가격을 의미합니다. 전일 종

| 그림 4-9 | HTS 주식종합 화면에서 상하한가 확인하는 법

빨간색 글씨로 '상'이라고 적힌 가격이 상한가 가격, 파란색 글씨로 '하'라고 적힌 가격이 하한가 가격입니다.

가에서 30%를 곱하면 주식의 가격이 호가단위로 딱 떨어지지 않을 때가 자주 발생합니다. 이럴 때는 30% 곱한 가격보다 낮은 호가단위로 상한가가 결정됩니다.

〈그림 4-9〉에서 전일 종가는 82,100원입니다. 82,100원에 30%를 곱하면 106,730원이지만 앞서 호가단위를 배우면서 주식의 가격이 100,000원 이상일 경우는 호가단위가 500원이라고 배웠던 거 기억나시죠? 따라

서 주식가격은 106,500원이 되거나 107,000원이 되어야 합니다. 그러므로 30% 곱한 106,730원 기준으로 낮은 호가단위인 106,500원이 82,100원 기준 상한가 가격이 됩니다.

매번 계산하지 않아도 주식주문 창에서는 상한가와 하한가 가격을 확인할 수 있는데, 〈그림 4-9〉과 같이 주식주문 화면에서 그날의 상한가 가격과 하한가 가격을 확인할 수 있습니다.

상하한가는 일반적인 상장주식에 적용되지만, 상하한가가 적용되지 않는 예외도 있습니다. 주식의 상장폐지가 결정되어 정리매매에 들어간 종목 등의 경우에는 가격제한폭이 적용되지 않습니다.

🌀 여기서 잠깐

상하한가 범위는 어떻게 되나요?

지금은 상하한가가 30% 범위인 것이 당연하게 느껴질 수 있지만 사실 상하한가 범위가 15%에서 30%로 확대된 것은 불과 10년이 채 되지 않았습니다. 2015년 6월 상하한가 변동폭이 15%에서 30%로 변경되기 전에는 1998년부터 2015년까지 17년 동안 우리나라의 가격제한폭은 15%였습니다. 가격제한폭 역사는 1995년으로 거슬러 올라가는데, 1995년 4월 이전에는 개별 종목마다 가격제한폭이 달랐습니다. 그러다 1995년 4월 이후 6%, 1996년 11월 이후 8%, 1998년 3월 이후 12%로 점차 확대되었고 현재의 30%에 이르게 된 것이죠.

가격제한폭과 정률제

	구분	가격제한폭 (%)
1995. 4월 이전	정액제 : 기준가격대별 17단계	평균 4.6% (2.2~6.7%)
1995. 4. 1		6%
1996. 11. 24		8%
1998. 3. 2	정률제	12%
1998. 3. 7		15%
2015. 6. 16		30%

② 코스피, 코스닥지수의 변동폭

개별종목의 변동폭이 하루 30%로 정해져 있다면 코스피지수와 코스닥지수의 변동폭도 정해져 있을까요? 주식시장에 상장되어 있는 모든 종목이 하한가를 기록한다면 이를 바탕으로 계산되는 코스피와 코스닥지수도 하루에 30%까지 하락할 수 있을까요?

정답부터 이야기하면 지수가 하루에 20% 이상 하락하면 모든 거래가 중단되는 서킷브레이커가 발동되기 때문에 지수는 하루에 30% 하락할 수 없습니다. 서킷브레이커(CB ; Circuit Breaker)란 종합주가지수가 전일 종가 대비 8%, 15%, 20% 이상 하락하는 경우에 전체 주식시장의 매매거래를 중단하는 제도입니다. 이 서킷브레이커는 총 3단계로 나뉘어 발동 되는데, 전일 주가지수 대비 8%, 15%, 20% 하락 시에 각각 1단계, 2단계, 3단계 매매거래 중단이 발동됩니다. 서킷브레이커 1단계와 2단계가 발동되면 주식시장의 매매는 20분 동안 중단되며, 3단계가 발동되면 발동 시점을 기준으로 유가증권시장의 모든 거래를 중단하게 됩니다.

코스피지수와 코스닥지수가 모두 8% 이상 하락하여 양 시장에 모두 서킷브레이커가 발동되는 일은 사실 한 번도 없었는데요. 2020년 3월 코로나19 위기로 주식시장이 급락하면서 3월 13일과 3월 19일에 코스피, 코스닥시장에 모두 서킷브레이커가 발동되는 사상초유의 일이 일어났습니다. 1년이 지난 지금 코스피지수는 3,000을 넘어섰고 코스닥지수는 1,000에 육박한다는 점을 생각해 보면 불과 1년 만에 주가지수가 양극단을 오고 갔다는 걸 다시금 느끼게 됩니다.

종합주가지수가 전일 대비 크게 하락할 경우에 서킷브레이커가 발동된
다면, 이와 반대로 전일 대비 크게 상승할 경우에도 제한폭이 있을까요? 개
별종목은 상승제한폭이 30%로 존재하지만 종합주가지수의 상승에는 상승
제한폭이 존재하지 않습니다. 이론적으로는 종합주가지수에 포함된 모든
상장종목이 상한가를 갈 경우라면 종합주가지수도 30%까지 오를 수 있겠
네요. 현실에서는 가능성이 매우 희박하지만, 종합주가지수의 상승제한폭
이 있어야 할 만큼 종합주가지수가 상승하는 날을 기대해 봅니다.

매매주문 따라하기

이번 방과후 과정에서는 HTS를 이용해 실제로 매매주문을 체결해 보도록 할게요. 눈으로만 접하는 것과 실제로 해 보는 것은 차이가 크기 때문에, 직접 HTS를 열어 다음 내용을 따라해 보세요.

1. 상단메뉴에서 '주식주문'을 누릅니다.

2. 매매하고 싶은 종목을 선택합니다.

3. 매수할 종목의 이름 혹은 종목번호를 검색합니다.

4. 계좌 비밀번호를 입력합니다.

5. 4장에서 배운 매매방식의 종류를 생각하며 매수할 종목의 수량과 가격을 지정합니다.

6. 매수주문 버튼을 누릅니다.

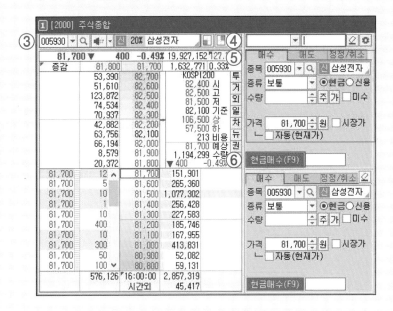

5장

주식거래에서
놓치면 안 될 부분들

주식계좌도 만들었고, HTS를 사용하는 방법에 이어 주식매매까지 잘 배웠습니다. 하지만 주식을 사고팔기 위해서는 단순히 주식을 매매하는 방법만 알아서는 안 됩니다. 이번 장에서는 주식의 매매방법만큼 중요한 주식의 거래일과 결제일, 증거금과 미수거래, 신용융자, 공매도 등을 배워 볼게요.

주식을 거래하는 날과
결제하는 날이 다르다?

거래일과 결제일, 그리고 증거금, 미수거래

주식은 거래일과 결제일이 다릅니다. 일상생활에서 물건을 살 때는 물건을 사는 즉시 결제를 해야 하지만, 주식은 사고판 날에서 영업일로 이틀 뒤에 결제합니다. 그럼 혹시 주식을 사기로 한 사람이 이틀 뒤에 돈을 결제하지 않으면 어떻게 될까요? 증권회사에서는 이를 방지하기 위해서 주식거래일에 매수자로부터 미리 돈을 일부 받습니다. 이를 증거금이라고 불러요. 주식의 거래일과 결제일, 그리고 증거금에 대해서 자세히 살펴보겠습니다.

① 거래일(매매일)

거래일이란 주식을 사거나 파는 날로 매매일이라고도 부릅니다. 거래일에 주식을 매매하면 매매수량만큼 바로 주식잔고에 반영이 됩니다. 하지만 실제로 결제가 된 것은 아닙니다.

② 결제일

결제일은 거래일로부터 영업일로 이틀 뒤, 주식 혹은 대금이 실제로 결제되는 날입니다. 주식을 매수한 사람이라면 돈을 지급하고 주식이 계좌에 실제로 입고되어 주주가 되는 날입니다. 반대로 주식을 매도한 사람이라면 주식매도 대금이 계좌에 입금되는 날입니다.

주식의 결제일은 나라별로 다릅니다. 우리나라의 경우 매매일(T)을 기준으로 2영업일 뒤(T+2)가 결제일이지만, 중국의 경우 매매일(T) 기준 1영업일 뒤(T+1)가, 미국의 경우 매매일(T) 기준 3영업일 뒤(T+3)가 결제일입니다.

③ 증거금과 증거금률

주식을 사고파는 날짜와 돈을 지급하는 날짜가 다르기 때문에, 돈을 받아야 하는 입장에서는 매매일에 주식을 사겠다고 한 사람이 정작 결제일에 돈을 지급하지 않을까 봐 불안하겠죠? 그래서 매매일에 실제 결제할 금액의 일부 혹은 전부를 증권회사에 내야 하는데, 이것이 바로 증거금입니다. 주식을 사기 위해 미리 걸어 둔 예약금이라고 이해할 수 있습니다.

증거금률을 100%로 설정해 두면, 100만 원만큼의 주식을 사기 위해서는 매매일에 100만 원이 계좌에 있어야 주식을 살 수 있다는 뜻이고, 증거금률을 40%로 설정했다면 100만 원만큼의 주식을 사기 위해서는 매매일에 40만 원이 계좌에 있어야 됩니다. 결제일은 매매일로부터 2영업일 뒤이기 때문에 매매일에는 40만 원만 있어도 주식주문이 가능하고, 결제일에 나머지 60만 원이 주식계좌에서 출금되는 것이죠.

④ 미수거래

증거금으로 매수대금의 일부분만 내고, 나머지는 외상으로 사는 거래를 뜻합니다. 증권회사에서 사용하는 평균적인 미수거래의 증거금률은 40% 입니다. 예를 들어, 미수거래를 통해 주식을 1억 원어치 주문하는 사람이라면, 거래일에는 매수금액의 40%인 4천만 원만 계좌에 있으면 되고 나머지 6천만 원은 외상으로 주식을 주문할 수 있는 것이죠.

미수거래는 주문방식을 선택하는 것이 아니라 증거금률을 선택함으로써 이용할 수 있습니다. 각 증권사에서는 매수 시 증거금을 100% 낼 것인지, 혹은 그 이하를 낼 것인지 선택하게 하는 증거금률제도가 존재합니다. 〈그림 5-1〉은 HTS에서 증거금률을 선택하는 화면이고, 〈그림 5-2〉는 증거금률제도에 관한 안내 화면입니다.

> ### ⊛ 여기서 잠깐
>
> **주식초보자는 증거금률을 어떻게 설정하는 것이 좋나요?**
>
> 주식초보자라면 증거금률은 100%를 선택하는 것이 좋습니다. 증거금을 100% 내지 않는 미수거래는 나머지 금액을 증권회사에게 외상으로 빌리는 초단기대출입니다. 주식거래일로부터 이틀 안에 나머지 매수대금을 계좌에 입금하지 않으면, 증권회사는 주식을 매도하여(반대매매) 빌려준 돈을 회수하게 됩니다. 반대매매의 경우 증권회사는 하한가로 시장에 주식을 매도주문 넣기 때문에, 매도되는 주식은 평소의 가격대비 더 하락한 상태에서 체결될 가능성이 높습니다. 이러면 해당 주식을 보유했던 고객은 투자금 손실로 이어질 가능성이 높기 때문에, 주식초보자라면 미수거래는 신청하지 않는 것이 좋습니다.

| 그림 5-1 | HTS 계좌증거금률 변경 등록

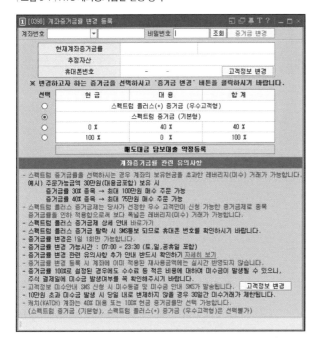

| 그림 5-2 | 증거금률 제도 안내

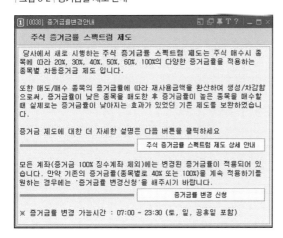

신용거래
위험한 건가요?

신용융자와 담보비율

뉴스에서 '빚투'(빚내서 투자한다) 열풍에 뛰어들었다는 이야기를 한 번쯤은 들어 보았을 거예요. 그 근거로 자주 언급되는 것이 바로 신용융자 잔고인데요. '신용융자 잔고가 사상최대치를 기록했다' 혹은 '신용융자 잔고가 20조 원을 돌파했다'와 같이 표현되면서 말이죠.

최근에 주식계좌를 개설하고 나서 HTS 혹은 MTS로 로그인을 했다면 '당사의 신용융자 한도가 소진되어 당분간은 신용융자를 신규로 받을 수 없다'라는 공지사항을 본 적이 있을 거예요. 신용융자라는 말을 자주 들어보긴 했는데 신용융자는 정확히 어떤 걸까요?

① 신용융자

주식을 살 수 있도록 증권사가 주식투자자에게 돈을 빌려주는 것을 의미합니다. 증권사가 투자자의 신용을 믿고 돈을 빌려준다(융자)는 뜻이죠.

투자자들은 수익률을 극대화하기 위해서 신용융자를 받고는 합니다.

② 보증금

투자자가 증권사로부터 신용융자로 돈을 빌리기 위해서는 계좌에 보증금이 있어야 합니다. 즉, 보증금이란 신용융자로 돈을 빌리기 위한 담보금액을 뜻합니다. 증권사에서는 고객이 주식계좌에 넣어 둔 현금뿐만 아니라 보유하고 있는 주식 역시 보증금으로 계산을 해 줍니다. 이때 보증금으로 인정해 주는 주식의 금액을 대용금이라 합니다.

③ 보증금률

돈을 빌리는 데 필요한 보증금의 비율입니다. 증권사마다 조건이 조금씩 다르지만 평균적으로는 45%입니다. 즉, 증권사에게 1억 원을 빌려서 주식을 매수하고 싶다면, 계좌에 현금 혹은 대용금을 합한 금액이 4,500만 원 이상 있어야 한다는 뜻입니다.

④ 신용융자의 이자

빌린 기간에 따라, 또는 증권사마다 조금씩 다릅니다. 돈을 빌리는 기간이 짧을수록 이자율이 낮고, 기간이 길수록 이자율도 높아집니다. 대부분의 증권사 신용이자율은 최저 4.9%에서 최고 9.9% 수준으로 결정됩니다. 만약 신용융자를 받아 주식을 샀는데 주가가 하락한다면 투자원금도 못 찾는 상황이 되는 것이죠.

⑤ 담보비율

말 그대로 신용융자를 빌릴 때 담보로 유지해야 하는 비율을 의미합니다. 여기서 담보는 현금과 주식평가금액을 합한 것입니다. 투자자가 신용융자로 돈을 빌린 후 갚지 못하는 상황이 생길까 봐 돈을 빌려줄 때 조건을 규정한 것입니다. 담보비율은 신용융자를 통해 거래하는 주식이 어떤 종목인지에 따라 140%에서 170% 사이로 적용됩니다. 담보비율이 140%란 이야기는 증권회사에서 1억 원을 빌린다면 돈을 빌릴 계좌의 현금 및 대용금을 합해 1억 4천만 원 이상 유지해야 한다는 뜻입니다.

만약 어제까지 1억 4천만 원으로 평가됐던 계좌가 주식가격 하락으로 인해 1억 3천만 원으로 평가된다면 증권회사에서는 돈을 빌려 간 투자자에게 담보의 추가납입을 요구합니다. 담보가 영어로 Margin이기 때문에 이를 Margin Call(마진콜)이라고 불러요. 마진콜을 받은 투자자가 계좌에 현금을 2천만 원을 입금했다면, 전체 계좌의 평가금액이 1억 3천만 원에서 2천만 원이 증가하여 다시 1억 5천만 원이 됩니다. 그래서 담보비율은 150%로 올라가게 되죠.

증권사로부터 담보의 추가납입을 요구받았는데 낼 돈이 없다면 어떻게 될까요? 추가담보가 입금되지 않으면 증권회사는 담보의 납입기한 다음 영업일에 내 계좌의 주식을 강제로 장전 동시호가에 하한가로 주문을 할 수 있습니다. 하한가로 주문을 하는 이유는 장전 동시호가에서 매도자 중 가장 낮은 금액이 먼저 체결되기 때문에 하한가로 매도주문을 내서 해당 주식을 팔아 자신들이 빌려준 원금을 꼭 받겠다는 계산인 거죠.

⊙ 여기서 잠깐

신용융자 잔고는 어디에서 확인할까요?

신용융자 잔고는 HTS 시장종합 화면에서 매일 조회할 수 있습니다.

HTS 시장종합

조회일시 2021/04/29	KOSPI 등락 상승 376 (▲ 5) 하락 472 (▼ 0) 보합 56	차익순매수 (백만)	4,879		
	KOSDAQ등락 상승 454 (▲ 2) 하락 861 (▼ 86) 보합	비차익순매수(백만)	-174,023		조회

구분	지수	대비	등락율	거래량(천)	거래대금(M)
KOSPI종합	3,174.07 ▼	7.40	-0.23%	1,193,355	18,824,173
KOSPI100	3,236.62 ▼	9.73	-0.30%	123,878	10,237,160
KOSPI200	426.28 ▼	1.20	-0.28%	229,297	12,772,055
KTOP30	11,756.23 ▲	2.91	0.02%	52,886	7,102,492
KOSDAQ종합	990.69 ▼	7.58	-0.76%	1,897,503	10,837,515
KOSDAQ150	1,416.32 ▼	19.40	-1.35%	58,632	2,136,058
KRX100	6,725.11 ▼	21.00	-0.31%	119,461	10,577,015
변동성지수	18.92 ▲	0			
KODEX200	42,590 ▼	145	-0.34%	4,017,698	171,841
KODEX레버리지	20,560 ▼	225	-0.81%	28,229,336	788,982
KODEX인버스	3,825 ▲	15	0.39%	37,606,244	143,168

종류	구분	현재가	대비	등락율	시간
해외증시 [장중]	S&P500선물	4,176.30 ▼	2.60	-0.06%	04/29 17:30
	미니나스DAQ	14,035.75 ▲	143.50	1.03%	04/29 17:30
	니케이225	29,053.97 ▲	62.08	0.21%	04/29 15:15
	상해종합	3,474.90 ▲	17.83	0.52%	04/29 15:01
	홍콩항셍	29,298.39 ▲	227.85	0.78%	04/29 15:58
해외증시 [전일]	심천종합	2,305.65 ▲	4.71	0.20%	04/29 16:00
	DOWJONES	33,820.38 ▼	164.55	-0.48%	04/28 16:00
	S&P500	4,183.18 ▼	3.54	-0.08%	04/28 17:22
	NASDAQ	14,051.03 ▼	39.19	-0.28%	04/28 16:01
	필.반도체	3,178.49 ▼	47.12	-1.46%	04/28 16:00
	독일DAX30	15,292.18 ▲	42.91	0.28%	04/28 16:00
	프랑스CAC40	6,306.98 ▲	33.22	0.53%	04/28 16:00
환율 [장중]	원/달러	1,108.20 ▼	4.80	-0.43%	04/29 16:30
	엔/달러	108.90 ▲	0.45	0.41%	04/28 16:00
	국고채3년	1.12 ▲	0.01		04/29 16:00
금리 [장중]	CD [91일]	0.73			04/29 16:00
상품	WTI 유가	63.86 ▲	0.92	1.46%	04/28 16:00
	금	1,773.50 ▼	4.70	-0.26%	04/28 16:00

구분	현재가	대비	등락율	거래량	미결제약정
F 202106	425.40 ▼	1.10	-0.26%	255,746	238,997
C 202105 427.5	4.92 ▼	0.73	12.92%	13,226	8,695
P 202105 427.5	6.84 ▲	0.35	5.39%	12,099	8,017
코스닥 F 202106	1,402.80 ▼	17.20	-1.20%	67,076	228,726
변동성 F 202105	19.30 ▼	0.25	-1.28%	10	56
야간 F 202106	425.40				

* 해외증시/상품 해당국가시간기준, 환율금리 한국시간기준

투자자매매동향 금액(억원)	거래소 순매수	코스닥 순매수	선물 순매수	총누적	콜옵션 순매수	총누적	풋옵션 순매수	총누적	주석선물 순매수	달러선물 순매수
개인	343	960	151	2,006	-4	103	-3	102	-322	228
외국인	-132	111	2,942	-2,424	-10	-62	63	144	-111	-827
기관계	-161	-970	-3,062	196	19	16	-62	-233	459	599
금융투자	1,181	-124	-2,976	12,563	19	35	-62	-261	295	213
투신	-465	-487	47	-12,943		-7	1	-6	-177	-35
연기금등	-647	-62	-102	160					355	

증시자금 21/04/27	고객예탁금 (백만원) 69,992,209 (+1,390,077)	매수금 (백만원) 282,020 (-36,195)	신용잔고 (백만원) 23,374,934 (-949)	선물매수금 (백만원) 13,256,190 (-128,068)

신용융자 잔고의 추이를 살펴보고 싶다면 금융투자협회 종합통계시스템(http://freesis.kofia.or.kr/)에서 확인할 수 있습니다. 다음 그림은 금융투자협회에서 확인한 2018년 4월부터 2021년 4월까지 3년 동안의 신용융자 잔고 추이를 나타낸 것입니다.

월별 신용융자 잔고 추이 (2018.4~2021.4)   (단위: 억 원)

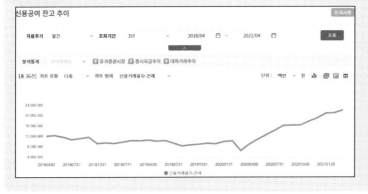

주식거래에서 놓치면 안 될 부분들

주식을 빌려주고
이자를 받을 수 있나요?

대여자, 차입자, 주식대차풀

계좌개설을 할 때 화면에 나온 내용을 꼼꼼히 읽은 투자자라면 '주식대여 서비스'를 봤을 거예요. 주식대여 서비스란 증권회사에서 고객들의 주식 계좌에 있는 주식을 빌려 가고, 투자자들은 주식을 빌려준 대가로 이자를 받는 서비스입니다. 증권회사가 자기들 마음대로 내 계좌의 주식을 빌려 갈 수는 없습니다. 증권회사에서는 주식대여 서비스를 신청한 투자자들의 주식만을 빌려 갈 수 있어요.

그럼 주식을 빌려주고 얼마의 이자를 받을까요? 증권회사에서는 연 0.1%에서 연 5.0% 사이의 이자를 줄 수 있다고 광고합니다. 다만, 이때 이자율이 몇 %가 될지 사전에 나에게 동의를 얻거나, 미리 약속해 주지 않아요. 즉, 내가 가진 주식을 빌려 갈지, 빌려 간다면 몇 %의 이자로 빌려 갈지 투자자가 사전에 알 수 없다는 뜻이에요. 일반적으로 시가총액이 높고 사람들이 많이 보유한 종목은 이자율이 낮고, 시가총액이 낮고 사람들이 많이 보유하고 있지 않은 종목은 이자율이 높습니다.

그럼 증권회사는 주식을 빌려 어디에 사용할까요? 개인에게 빌린 주식을 증권회사는 다시 기관투자자 혹은 외국인 투자자에게 빌려줍니다. 이 주식을 빌려 간 기관투자자 및 외국인 투자자들은 공매도*를 하는 데 해당 주식을 사용합니다.

● 짚어보기 주가의 하락을 예상한 뒤 주식을 빌려서 파는 투자 방식을 말합니다. 5-4 참조

주식대여 서비스를 이용하면 주식을 자유롭게 매매하면서 투자손익과 주식대여로 얻는 수수료 수익을 함께 얻을 수 있습니다. 증권회사가 빌려 간 주식이 모두 공매도로 사용되는 것은 아닙니다. 담보로 사용되거나 주식을 결제할 때도 사용될 수 있습니다. 하지만 주식을 빌려 가는 가장 큰 이유가 공매도라는 사실에는 변함이 없습니다. 〈그림 5-3〉의 주식대여 서비스 안내를 읽어 보면 낯선 용어들이 보입니다.

| 그림 5-3 | 주식대여 서비스 안내

① 대여자와 차입자

대여자는 말 그대로 주식을 빌려주는 사람, 차입자는 주식을 빌려 가는 사람 혹은 기관을 의미합니다.

② 주식대차풀

증권회사에서는 주식대여 서비스에 가입한 개인의 주식을 하나의 큰 계좌에 넣습니다. 이를 '주식대차풀'이라고 표현해요. 개인투자자 A와 B가 둘 다 주식대여 서비스에 가입했다고 가정해 볼게요. 고객 A는 삼성전자를 보유하고 있고, 고객 B는 SK하이닉스를 보유하고 있다면 이 증권사의 대차풀에는 삼성전자와 SK하이닉스가 있는 것이 됩니다.

　이렇게 증권회사의 대차풀에는 주식대여 서비스에 가입한 개인투자자들이 보유한 주식이 들어 있습니다. 증권회사는 기관 혹은 외국인 투자자들이 해당 주식을 빌려 달라고 하면 개인투자자에게 이자를 주며 그 주식을 빌려 오고, 다시 기관 혹은 외국인 투자자들에게 이자를 받으며 해당 주식을 빌려주는 것이죠. 그 사이에서 증권회사는 이자율의 차이만큼 수수료로 취하게 됩니다.

공매도는 나쁜 건가요?

공매도와 숏스퀴즈

'외국인과 기관투자자의 공매도로 인해 주가가 하락했다'라는 뉴스를 본 적이 있을 겁니다. 도대체 공매도가 뭐길래 공매도로 인해 주가가 하락한 다는 걸까요?

① 공매도

투자기법의 하나로 투자자가 보유하지 않은 주식을 다른 누군가에게 빌려 와서 매도하는 매매방식입니다. 매도는 내가 보유한 주식을 파는 것이지만, '공(空)'매도란 비어 있는 주식, 즉 없는 주식을 판다는 것입니다. 보유하지도 않은 주식을 어떻게 팔 수 있을까요? 바로 주식을 빌려 오기 때문에 가능합니다.

예를 들어, A자산운용사는 B라는 기업의 주가가 하락할 것으로 예상하고 있어요. 그래서 B주식을 다른 투자자 C로부터 빌려 옵니다. 투자자 C

는 A자산운용사에게 B주식을 빌려줄 때 이자를 받게 되죠. A자산운용사는 빌려 온 주식을 매도합니다. 매도했을 때 B기업의 주가가 10,000원이라고 가정할게요. 6개월이 지난 후에 A자산운용사의 예상대로 B기업의 주가가 50% 하락한 5,000원이 됐습니다. A자산운용사는 이때 5,000원에 B주식을 사서 C에게 빌렸던 주식만큼을 갚습니다. 이런 공매도를 통해서 A자산운용사는 주당 5,000원의 이익을 얻게 되죠. 물론 여기에는 C에게 지급해야 하는 이자수수료는 계산되지 않은 이익입니다.

그럼 투자자 C는 왜 A회사에 주식을 빌려주었을까요? 투자자의 상황은 다양하므로 일반화하기는 어렵습니다. 투자자 C는 ETF를 운용하는 패시브 전략®을 구사하는 운용사라서 해당 주식을 보유하고 있는 것일 수도 있고, B기업을 좋게 판단하고 장기적인 관점에서 매수한 것일 수도 있습니다. 이유가 무엇이 됐든, 투자자 C 입장에서는 어차피 장기간 보유할 주식이기 때문에 해당 주식을 A자산운용사에게 빌려줌으로써 이자를 받을 수 있다면 좋겠죠. 물론 빌려준 이후에 주가가 오른다면 더 좋겠지만 말이죠.

> ⊙ 짚어보기 종목이 아닌 주가지수의 수익률을 추종하는 것을 목표로 주식을 운영하는 전략을 의미합니다.

② 숏스퀴즈(Short Squeeze)

공매도를 한 투자자가 예상한 것과 반대로 주가가 상승하여, 손해를 보면서 주식을 사는 것을 숏스퀴즈(Short Squeeze)라고 합니다. 공매도를 영어로 Short Selling이라 하기 때문에, 공매도를 한 투자자들이 쥐어짜듯이 주식을 매수한다고 해서 스퀴즈라고 표현하는 것이죠.

숏스퀴즈가 발생하면 어떻게 될까요? 공매도 투자자들이 해당 주식을 되갚기 위해 경쟁적으로 주식을 사기 때문에 주가가 급등할 수 있습니다. 올해 초 미국 주식시장에서 가장 이슈가 된 게임스톱(Gamestop) 주식이 바로 이 숏스퀴즈의 사례입니다.

코로나19로 인해 오프라인에서 온라인으로 경제활동의 무대가 옮겨가면서 DVD와 게임을 대여하는 게임스톱 역시 실적이 많이 나빠졌습니다. 게임스톱이 영위하는 사업이 앞으로도 좋지 않으리라 판단한 공매도 투자자들은 경쟁적으로 해당 주식을 공매도했지요. 그런데 항상 문제는 과도한 쏠림에서 비롯됩니다.

게임스톱을 공매도한 투자자들이 많아지면서, 게임스톱의 시가총액보다도 더 많은 금액이 공매도되었다는 분석이 제기되기 시작합니다. 주식을 보유하지도 않은 투자자들이 주식을 빌려서 매도한 금액이 해당 기업의 시가총액보다 커졌다니 좀 황당하죠? 만일 이런 상황에서 해당 주가의 가격이 상승하게 되면 어떤 상황이 발생할까요?

주가가 하락할 거라 생각했는데 반대로 주가가 오르기 시작하면 어느 시점부터는 공매도한 가격보다 주가가 올라가게 됩니다. 공매도한 투자자들이 손실이 나기 시작하는 거죠. 어느 정도의 주가 상승은 손실을 감내할 수 있지만, 단기간에 몇 배씩 오른다면 더 이상 손실을 감내하기 어려울 것입니다. 손실을 감당하기 어려운 공매도 투자자들이 주식을 매수하려고 뛰어드는 순간 주가는 더욱 올라가게 되어 있습니다. 특히 발행한 주식보다 공매도된 주식의 수가 많다면, 이론적으로는 아무도 주식을 팔지 않는 한 해당 주식은 끊임없이 상승할 수밖에 없습니다.

이러한 이유 때문에 2021년 1월 초부터 2021년 1월 20일까지 $35~$39 사이에서 거래되던 게임스톱의 주가는 단 5거래일 만에 10배나 오르는 기염을 토합니다. 공매도가 지나치게 많이 되어 있다는 사실을 안 일부 투자자들이 해당 종목을 공매도 세력에 대한 타도의 대상으로 지목하면서 수많은 개인투자자가 해당 주식을 매수했고 그 결과 주식의 가격이 천정부지로 치솟게 된 거죠. 게임스톱 주식이 크게 상승하면서 이 종목을 공매도 한 펀드들 중 몇몇은 파산할 지경에 이르렀다는 기사까지 나왔습니다.

🌐 여기서 잠깐

공매도가 많은 것이 좋은 건가요?

공매도가 많다는 건 그만큼 그 기업의 미래를 좋지 않게 보는 투자자들이 많다는 뜻이기에 보통의 경우 주가에 악재로 작용합니다. 하지만 게임스톱의 사례처럼 아주 가끔은 공매도가 많다는 사실이 주가를 급등하게 하는 이유가 되기도 합니다.

보통주와 우선주의
차이는 뭔가요?

의결권 유무와 배당금, 배당락의 차이

삼성전자를 매수하려고 매매주문 창에 삼성전자를 검색하다 당황하신 경험 한두 번쯤은 있으실 텐데요. 이유는 삼성전자를 검색했을 때 '삼성전자' 그리고 '삼성전자우'라는 종목이 검색되기 때문입니다. 둘 중에 어떤 주식을 사야 하나 헷갈리는 거죠. 여기서 삼성전자 뒤에 붙은 '우'가 바로 우선주의 줄임말입니다. 우리가 흔히 말하는 삼성전자는 정확히 이야기하면 삼성전자 보통주인 셈이죠. 회사는 삼성전자 하나인데, 어떻게 주식은 '삼성전자(보통주)'와 '삼성전자우(우선주)'가 존재하는 걸까요?

삼성전자의 경우에는 우선주의 종류가 하나였지만, 현대차를 검색하면 '현대차2우B', '현대차3우B'가 검색됩니다. 우선주도 종류가 하나가 아니라는 것을 알 수 있습니다. 우선주는 여러 차례 발행될 수 있는데, 이렇게 기업 이름 뒤에 붙은 숫자는 발행순서를 의미합니다. 숫자가 커질수록 나중에 발행되었다는 뜻입니다.

① 의결권 유무

보통주와 우선주의 가장 기본적인 차이는 바로 의결권입니다. 보통주를 소유한 주주는 기업의 주주총회에서 상정된 안건에 대해 투표할 수 있는 권리, 즉 의결권을 갖게 되지만 우선주를 매수한 주주는 의결권을 행사할 수 없습니다. 대신 우선주는 보통주보다 배당금을 우선적으로 받을 수 있습니다. 그래서 보통주보다 배당을 받을 권리를 우선한다고 해서 우선주라고 부르죠.

② 주가

기업의 경영에 참여할 수 있는 의결권이 없는 우선주는 일반적으로 보통주보다 주가가 낮습니다. 2021년 4월 9일 기준 삼성전자 보통주의 가격은 81,900원인데 비해, 삼성전자 우선주의 가격은 75,000원으로 보통주 대비 10% 낮게 가격이 형성되어 있죠.

③ 배당금

배당금은 기업의 수익을 주주들에게 분배하는 것이라고 앞에서 설명했습니다. 우선주는 보통주 대비 배당금의 금액이 같거나 높습니다.

④ 배당수익률

배당금을 주가로 나눈 수익률입니다. 간단한 예로 주가가 10,000원짜리인 주식에 1년간 배당을 300원 준다면 이 주식의 배당수익률은 3%입니다. 주식의 가격은 매일 변하기 때문에 배당수익률 또한 고정된 수익률이 아니라 매일 변하게 됩니다. 일반적으로 우선주의 주가는 보통주의 주가보다 낮으므로 같은 금액을 배당금으로 받으면 우선주를 보유한 투자자의 배당수익률은 보통주를 보유한 배당수익률보다 높습니다.

⑤ 배당락(Ex-dividend Date)

배당락이란 배당기준일이 지나서 배당을 받을 권리가 없어진 날을 의미합니다. 배당을 받으려면 회사가 정한 시점에 주주명부에 등재되어 있어야 합니다. 우리나라 기업의 경우 대부분 한 해의 사업연도를 마감하는 매년 마지막 영업일을 기준으로 주주명부에 등재된 주주들에게 배당금을 지급합니다.

그렇다면 한 해의 마지막 영업일에 주식을 사면 배당을 받을 수 있을까요? 그렇지 않습니다. 우리는 주식의 거래일과 결제일이 다르다고 배웠습니다. 한 해의 마지막 영업일 기준으로 주주명부에 등재되려면 마지막 영업일을 기준으로 이틀 전에 주식을 매수해야 합니다.

2020년의 예를 들어볼까요? 2020년 주식시장의 마지막 거래일은 12월 30일 수요일이었습니다. 따라서 12월 28일까지 주식을 매수했어야 30일 날 주식이 결제되면서 주주명부에 등재가 되는 거죠. 따라서 12월 29일에는 주식을 사도 그해의 배당을 받지 못하는 날이 됩니다. 따라서 2020년 배당락은 12월 29일입니다.

우선주 매매 시 주의할 사항은 무엇인가요?

통상적으로 보통주 대비 우선주는 거래량이 적기 때문에, 특정 세력이 매집하여 주가를 비정상적으로 끌어 올리는 경우도 종종 발생합니다. 다음의 그림을 보면 2020년 5월 평균적으로 50,000원에 거래 되던 삼성중공업 우선주가 13거래일 만에 960,000원을 기록했던 사례가 대표적입니다. 평소 거래량 이 적기 때문에 이를 노린 특정 세력이 주식을 매집한 뒤 가격을 크게 올리고, 주가가 급등하자 단기간 에 높은 수익률을 기대한 개인투자자가 가세하면서 이런 결과가 나왔던 거죠. 여기서 세력이란 주식 시장에서 특정종목을 집중적으로 매매하는 투자자 혹은 투자자집단을 의미합니다.

우선주 주가차트 예시

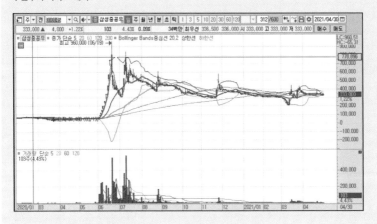

우선주의 급등락이 반복되자, 주식시장 전반에서 우선주에 대한 우려의 목소리가 지속해서 나왔고 2020년 7월 금융위원회는 우선주의 유통주식 확대를 골자로 하는 우선주 진입, 퇴출 기준을 강화하였 습니다. 금융위원회의 조치 이후 안정되는 듯하던 우선주 열풍은 11월 다시금 급등락을 보였고, 이에 따라 금융위원회는 '우선주 관련 투자자 보호 방안'의 후속 조치로 오는 12월 7일부터 보통주 대비 괴 리율이 50%를 초과하는 우선주를 단기과열종목으로 지정해 30분 주기의 단일가매매를 시행하는 조 치를 취했습니다.

배당수익률 계산하기

우량 기업들은 사업을 통해 벌어들인 이익을 주주들에게 배당으로 환원합니다. 따라서 배당금이 높은지, 배당수익률이 얼마나 되는지는 주식을 선택하는 데 있어 주식투자자들에게 중요한 기준이 됩니다. 여기서는 배당수익률을 계산해 보는 연습을 하겠습니다.

배당수익률이란 배당금을 해당 시점의 주가(주식의 가격)로 나눈 수익률입니다. 주가가 10,000원짜리인 주식이 현금배당을 300원 하기로 결정했다면, 이 주식의 배당수익률은 3%가 됩니다.

배당수익률 공식은 간단합니다. 배당금을 현재 주가로 나누면 됩니다. 주가는 매일 HTS를 통해 조회할 수 있으니 중요한 것은 배당금입니다. 작년 사업연도의 배당금을 기준으로 배당수익률을 계산할 수도 있고, 올해 배당금을 예상하여 배당수익률을 계산할 수도 있습니다. 작년 배당금을 기준으로 배당수익률을 계산해 봅시다.

배당금 확인하기

배당금은 기업들의 공시를 통해 금액을 확인할 수 있습니다. 전자공시시스템에서 사업보고서를 조회해 '1. 회사의개요 〉6. 배당에 관한 사항 등'을 누릅니다. 〈그림 5-4〉를 보면 2020년 삼성전자 보통주는 2,994원, 삼성전자 우선주는 2,995원 배당한 것을 확인할 수 있습니다.

올해 배당금 예상하기

회사가 올해 정확히 얼마의 배당을 할지 예측하기는 어렵습니다. 배당이란 사업에서 벌어들인 이익을 주주들에게 환원하는 것이기 때문입니다. 즉, 회사 입장에서도 올해 사업을 통해 정확히 얼마의 이익을 거두게 될지 알 수 없기 때문에 과거의 수치를 기반으로 주주들에게 대략적인 가이드라인을 제시할 수밖에 없습니다. 〈그림 5-4〉에서 삼성전자가 밝힌 앞으로의 배당정책은 다음과 같습니다.

| 그림 5-4 | 사업보고서 예시

"당사는 2018~2020년의 주주환원 정책에 따라 3년간 잉여현금흐름(Free Cash Flow)의 50%를 주주환원 재원으로 활용하여, 매년 연간 총 9.6조 원 수준의 정규 배당을 실시하고 잔여 재원 10.7조 원을 특별 배당금 성격으로 2020년 기말 정규 배당에 더해 지급할 예정입니다. 또한, 당사는 2021~2023년의 주주환원 정책을 2021년 1월에 발표하였습니다. 이에 따라 향후 3년의 사업연도에도 잉여현금흐름의 50%를 재원으로 활용하되 정규 배당을 연간 총 9.8조 원 수준으로 확대하고 잔여 재원이 발생하는 경우에는 추가로 환원할 계획입니다"

삼성전자는 2018년부터 2020년 3년 동안 연간 9.6조 원을 실시했고, 2020년 말 잔여재원인 10.7조 원을 특별 배당금으로 주주들에게 지급했다고 밝혔습니다. 〈그림 5-4〉에서 삼성전자의 2020년 배당금이 과거 2년 동안 지급된 배당금인 1,416원의 2배가 된 이유입니다.

그럼 2021년 삼성전자의 배당은 어떻게 될까요? 회사는 2021년부터 3년 동안 정규 배당을 연간 9.8조 원 수준으로 9.6조 원에서 2% 확대한다고 밝혔습니다. 따라서 1,416원 기준 2% 상승한 1,444원을 정규배당으로 지급하리라 예상할 수 있습니다.

최종 주가수익률 계산하기

$$\frac{\text{예상배당금 1,444원}}{\text{현재 주가 81,900원}} = \text{예상 배당수익률 1.7\%}$$

주식유치원
2학년

1학년이 주식투자를 위한 기초준비 과정이었다면, 2학년에서는 본격적인 실전투자에 필요한 심화 내용을 배울 차례입니다. 아마도 많은 독자분이 1학년을 지나오면서 "그래서 주식투자에 관해서는 언제 이야기해 주는 건데?"라는 의문이 들었을 것 같아요. 그럼 여러분이 기다렸을 이야기를 지금부터 본격적으로 시작해 보겠습니다.

6장

실전 투자 1 | 뭘 사야 하죠?

주식투자의 핵심은 앞으로 가치가 높아질 기업을 찾아 싼 가격에 매수하여 적정가격 혹은 비싼 가격에 매도하는 것입니다. 따라서 주식투자자들은 늘 '앞으로 어떤 기업의 가치가 높아질까'를 고민하게 됩니다. 앞으로 가치가 높아질 기업을 어떻게 찾을 수 있을까요? 이번 장에서는 주식투자의 아이디어를 찾는 방법에 대해 배워 보도록 하겠습니다.

사실 "어떤 주식을 사야 돼?"라는 질문에 정답은 존재하지 않습니다. 투자금액, 투자기간, 투자 성향에 따라서 같은 주식을 사고팔더라도 투자자마다 수익률은 크게 다를 수 있기 때문입니다. 이번 장에서 설명할 투자아이디어를 얻는 방법들 또한 모두에게 정답은 될 수 없지만, 종목분석의 기준을 세우는 시작점은 될 수 있습니다. 이제부터 투자아이디어를 얻는 방법에 관해 하나씩 공부해 보겠습니다.

잘 모르겠다면
시가총액 순위를 살펴보자

시가총액 순위와 변천사

주식투자를 처음 시작한다면 시가총액이 큰 대표기업들이 가장 먼저 눈에 들어오고, 투자하기도 쉽습니다. 우리나라를 대표하는 기업들이니만큼 뉴스에서 해당 기업들의 소식이 자주 등장하고, 일상생활에서도 쉽게 접할 수 있기 때문입니다.

① 시가총액 순위

다음 표는 2021년 2월 26일 종가 기준 우리나라의 시가총액 상위 10개 기업의 시가총액과 해당 기업의 대표적인 사업영역입니다. 직감적으로 알아보기 위해 해당 기업을 대표하는 사업만을 단순화해 적어 보았습니다. 시가총액 상위 10개 기업은 반도체, 인터넷, 2차전지, 전기차, 바이오로 총 5개 섹터인 것을 확인할 수 있습니다.

시가총액 상위 10개 기업과 사업영역 (2021.2.26 기준)

시가총액 순위	종목명	주식가격	시가총액 (단위: 조)	대표 사업영역
1	삼성전자	81,800	493	반도체
2	SK하이닉스	141,500	103	반도체
3	NAVER	375,000	62	인터넷
4	삼성전자우	72,800	60	반도체
5	LG화학	831,000	59	2차전지
6	현대차	237,000	51	전기차
7	삼성바이오로직스	750,000	50	바이오
8	삼성SDI	674,000	46	2차전지
9	카카오	488,000	43	인터넷
10	셀트리온	297,500	40	바이오
11	기아차	79,400	32	전기차

⚙ 여기서 잠깐

미국의 시가총액 1위 기업은 어디인가요?

나스닥시장에 상장된 애플입니다. 애플은 2021년 2월 26일 금요일(현지시각) 기준 종가가 $121.16에 마감되었습니다. 시가총액은 2,036조 달러로 원화로 환산하면 약 2,240조 원입니다. 2021년 2월 26일 종가 기준으로 한국의 코스피, 코스닥, 코넥스시장에는 총 2,546개의 종목이 상장되어 있었고 이 2,546개 종목의 시가총액을 모두 합한 금액이 약 2,457조 원입니다. 우리나라에 상장된 기업들의 시가총액 합과 애플의 시가총액 합이 거의 비슷한 수치입니다.

② 시가총액 순위 변천사

시가총액 상위 10개 기업의 변천사를 살펴보기만 해도 우리나라의 산업 구조가 어떻게 바뀌어 왔는지 한눈에 볼 수 있습니다. 다음 표는 2000년 부터 2020년까지 10년 단위로 한국기업의 시가총액 1위부터 10위의 순위

2000년, 2010년, 2020년 그리고 현재기준 시가총액 상위 10개 기업 리스트

순위	2000년 6월		2010년 6월		2020년 6월		2021년 2월	
	종목명	시가총액	종목명	시가총액	종목명	시가총액	종목명	시가총액
1	삼성전자	57조	삼성전자	114조	삼성전자	315조	삼성전자	487조
2	SK텔레콤	33조	POSCO	41조	SK하이닉스	62조	SK하이닉스	92조
3	KT	31조	현대차	32조	삼성바이오로직	51조	LG화학	68조
4	한국전력	22조	신한지주	22조	NAVER	44조	NAVER	60조
5	현대전자	11조	삼성생명	21조	셀트리온	41조	삼성SDI	54조
6	POSCO	9조	LG화학	21조	LG화학	35조	삼성바이오로직	53조
7	삼성전기	5조	한국전력	20조	삼성SDI	25조	현대차	53조
8	국민은행	4조	현대모비스	20조	카카오	24조	셀트리온	45조
9	KT&G	4조	KB금융	18조	삼성물산	22조	카카오	43조
10	데이콤	4조	현대중공업	18조	LG생활건강	21조	기아차	35조

를 나타낸 표입니다(주가는 6월 30일 기준으로 계산되었으며, 우선주의 시가총액은 포함하지 않았습니다).

　10년 단위로 시가총액 상위 10개 종목을 보니 매일의 주가 변동만으로는 잘 느낄 수 없었던 우리나라의 산업변화가 한눈에 보입니다. 이렇게 시가총액의 변화를 거시적인 흐름으로 살펴봄으로써 투자자인 우리가 얻을 수 있는 의미는 무엇일까요?

　그것은 바로 기업도 사람과 마찬가지로 성장기, 성숙기, 쇠퇴기 등을 거친다는 것입니다. 20년 동안 줄곧 시가총액 1위 자리를 유지해 온 삼성전자 역시 20년간 지속적으로 새로운 산업(1980년대 후반에는 반도체, 2000년대 후반에는 휴대전화)에 도전하고 성장함으로써 쇠퇴하지 않고 지금의

삼성전자로 우뚝 설 수 있었습니다. 지속적으로 도전하고 성장하지 않은 기업들은 시대가 변화함에 따라 기존 산업이 쇠퇴하고 새로운 산업이 발전하면서 그 영광의 자리를 새로운 기업들에게 내줄 수밖에 없었습니다.

2000년, 2010년 시가총액 상위에 있었던 기업들은 그 당시 기점으로는 우리나라에서 가장 돈을 잘 벌고 유망한 산업들이었을 겁니다. 하지만 새로운 기술이 개발되고, 산업 내 끊임없는 경쟁이 펼쳐지면서 해당 기업들이 속한 산업은 현재의 관점에서는 유망하지 않거나 경쟁이 심화된 산업들로 보이게 되었죠.

마찬가지로 2021년 우리나라를 대표하는 기업들은 반도체, 2차전지, 인터넷, 바이오, 전기차 산업을 영위하고 있습니다. 지금 생각하기에는 이보다 더 좋은 산업 포트폴리오를 가질 수 있을까 싶을 정도로 우리나라의 시가총액 상위종목들은 고성장하는 산업이 분명해 보입니다. 그래서 현재 우리나라의 시가총액 상위기업들을 보유하면 '황금 포트폴리오'를 구축하는 것이라고 평가하기도 합니다.

하지만 2030년이 되어 시가총액 상위 10개 기업을 뽑았을 때, 지금의 상위 10개 기업들이 모두 포함되어 있을지는 알 수 없습니다. 사실 지난 20년 동안의 변화를 보면 현재 상위 10개 기업도 10년 뒤에는 상당수가 바뀔 수 있다는 사실을 알 수 있습니다.

물론 반도체, 2차전지, 인터넷, 바이오, 전기차는 미래가 유망한 산업임이 분명합니다. 2030년이 되어도 이 기술들은 우리의 일상을 더 편리하고 윤택하게 만들어 주고 있을 것입니다. 하지만 해당 산업이 미래에 중요한 산업으로 남아 있는다 하더라도 그 기업이 해당 산업 내에서 지금과 같은 경쟁력을 유지할 수 있을지는 또 다른 문제입니다. 시장에 해당 기업을 위협하는 경쟁기업은 계속해서 등장할 것이고, 새로운 기술로 혁신에 성공하지 못한 기업은 도태될 것이기 때문입니다. 지금은 미국을 대표하는 1등 기업이 된 애플 역시 기업이 설립된 지 이제 겨우 20년이 된 회사라는 점이 이를 반증합니다.

지금은 시가총액 10위 안에 들지 못했지만 10년 뒤에 우리나라를 대표하는 기업으로 올라설 기업을 찾아보고 공부하는 것, 혹은 지금도 시가총액 10위권 안에 있지만 미래에는 그 순위가 더 높아질 기업을 공부하고 찾아내는 것이 가장 쉽게 접근할 수 있는 투자아이디어가 아닐까요?

코스피시장과 코스닥시장,
어디에 속한 기업이 더 좋을까요?

시장 비교 및 더 알아보기

코스피시장에 상장된 기업과 코스닥시장에 상장된 기업 중 무엇이 더 좋다고 할 수 있을까요? 여러분이 종목을 골라야 한다면 어떤 시장에 상장된 기업을 고르고 싶나요?

① 코스피시장과 코스닥시장 비교

코스피시장에는 매출액과 자기자본 규모가 크고 우량한 회사들이 주로 상장되어 있고, 코스닥시장에는 아직 매출액은 작거나 낮지만, 미래 성장 가능성이 큰 기업들이 주로 상장되어 있습니다. 코스피시장과 코스닥시장에 새롭게 상장하기 위한 조건을 살펴보면 두 시장의 차이를 바로 확인할 수 있습니다. 다음 표는 한국거래소에 공시된 코스피시장과 코스닥시장의 상장요건 중 일부를 정리한 내용입니다.

	코스피시장	코스닥시장 (일반 or 벤처기업)	코스닥시장 (기술성장기업)
기업규모	자기자본 300억 원 이상	자기자본 30억 원 이상 (벤처기업 15억 원 이상)	자기자본 10억 원 이상
경영성과	최근 매출액 1천억 원 이상 혹은 시가총액 2천억 원 이상	사업이익 20억 원 이상 (벤처기업 10억 원)	시가총액 90억 원 이상 전문평가기관의 기술평가 A등급 이상
영업활동기간	설립 후 3년 이상 경과	없음	없음

코스피시장에 상장하기 위해서는 자기자본금도 커야 하고 경영성과의 매출액 기준 역시 높은 반면에 코스닥시장에 기술성장기업으로 상장 시에는 매출액이 없어도 전문평가기관의 기술평가에서 A등급 혹은 BBB등급 이상을 2개 기관에서 받으면 상장이 가능합니다.

② 기업 더 알아보기

상장요건을 만족시킨 기업들 중 거래소의 심사를 통과한 기업만이 코스피시장과 코스닥시장에 상장되기 때문에, 코스피시장에서 거래되는 종목들은 매출액이 크고 자기자본금도 큰 반면 코스닥시장에는 현재 매출은 적지만 미래 성장이 기대되는 기업들이 많습니다. 다음의 코스닥시장 시가총액 상위 10개 기업을 살펴보면 코스닥 시장의 특성이 잘 보입니다.

시가총액 상위 10개 기업 가운데 무려 5개 기업이 바이오 섹터의 기업이었고, 그 외에도 게임 산업 기업이 2개, 2차전지와 반도체 산업 기업이 각각 1개, 그리고 미디어 기업이 1개입니다.

결국 '코스피시장에 상장된 기업이 좋은지, 코스닥시장에 상장된 기업

코스닥시장 시가총액 상위 10개 기업 (2021.2.26일 종가기준)

시가총액 순위	종목명	주식가격	시가총액 (단위 : 억 원)	대표 사업영역
1	셀트리온헬스케어	125,600	19조 800억	바이오
2	셀트리온제약	153,700	5조 5천억	바이오
3	카카오게임즈	54,000	4조	게임
4	펄어비스	289,400	3조 8천억	게임
5	알테오젠	130,000	3조 6천억	바이오
6	에이치엘비	68,600	3조 6천억	바이오
7	에코프로비엠	162,300	3조 4천억	2차전지
8	씨젠	124,500	3조 2천억	바이오
9	SK머티리얼즈	306,000	3조 2천억	반도체
10	CJ ENM	138,300	3조	미디어

이 좋은지'에 대한 선택은 투자자의 몫입니다. 미래 성장성이 기대되지만 현재 매출액이나 영업이익은 낮은 성장주를 선택할 것인지, 아니면 지금 높은 매출액과 영업이익을 내는 기업을 선택할 것인지에 대한 정답은 존재하지 않기 때문입니다.

일상생활에서
투자아이디어 찾기

관찰력과 상상력

주식투자자라면 누구나 한 번쯤은 들어 봤을 세계적인 투자자 워런 버핏은 "자신이 확실히 아는 사업에만 투자하라"는 조언을 남긴 것으로 유명합니다. 아무리 사업이 유망해 보이고 미래 성장 가능성이 높게 판단된다 하더라도 그 사업의 비즈니스 모델을 자신이 이해하지 못하면 투자하지 말라고 말했죠.

또한 전설적인 투자자 중의 한 명인 피터 린치는 이렇게 조언했습니다. "주식투자로 10배의 수익률을 찾기에 가장 좋은 장소는 집 근처다. 집 근처에 없으면 쇼핑몰을 살펴보고, 특히 당신이 근무하는 직장 주변을 뒤져 보라." 좋은 투자아이디어는 친구가 나에게만 알려 주는 고급 정보에 있는 것이 아니라 우리 생활 가까이에서 이미 뛰어난 혁신과 성장을 이뤄 낸 기업에 있음을 의미합니다.

IMF 당시 증권주에 투자하여 경이로운 투자수익률을 기록한 뒤 지금은 자산운용사의 회장이 된 가치투자의 대가 강방천 회장 역시 좋은 투자아이디어는 멀리 있지 않다는 점을 늘 강조했습니다. 그는 "좋은 기업을 찾고 싶으면 당신의 지갑이 어디에 열리는지를 유심히 관찰하라"고 조언했습니다. 내가 소비를 하게끔 만드는 기업, 내 주변 친구들이 소비하게끔 하는 기업이 곧 좋은 투자대상임을 이야기한 것이죠.

① 관찰력과 상상력 키우기

일상생활 속에서 투자아이디어를 발견하기 위해서는 관찰력과 상상력이 필요합니다. 마트에 가서 장을 볼 때, 필요한 물건들만 사서 돌아온다면 어떤 기업이 시장에서 인기가 좋은지 파악하기는 어려울 겁니다. 하지만 마트에 가서 사람들이 어떤 제품을 많이 사는지, 어떤 제품이 진열대의 좋은 자리를 선점했는지를 유심히 관찰한다면 어떨까요? 물론 단순히 관찰한다고 투자종목을 찾기는 어렵습니다. 관찰을 통해 찾아낸 사실을 시작점으로 하여 발견한 기업이 실제로 어떤 제품을 만들어 내고 어떤 성장스토리를 써 나가는지 공부하는 것이 필요합니다.

소비재기업의 경우 이렇게 눈으로 직접 제품이 판매되는 것을 확인할 수 있지만, 제품에 들어가는 부품을 만드는 기업의 경우 관찰력과 함께 상상력이 필요합니다. 코로나19 이후 가장 크게 상승한 대표적인 업종인 2차전지 관련 기업들을 예를 들어 보겠습니다. 이제 조금씩 전기차를 볼 수 있게 되었지만, 아직도 도로 위에 돌아다니는 차의 95% 이상은 휘발유 혹은 경유를 연료로 하는 내연자동차입니다. 따라서 아직 전기차의 보급률이 낮을 때, 다가올 미래에는 전기차가 더 많이 보급된다면 더 많이 필요해질 제품들은 무엇일지, 그리고 그런 제품을 만드는 기업은 어떤 기업일지에 대한 상상력이 필요합니다.

② 주식시장 눈여겨보기

미래를 보는 혜안과 일상생활 속에서 좋은 기업을 찾아내는 관찰력은 하루아침에 기를 수 있는 능력이 아닙니다. 또한 우연한 기회에 좋은 아이디어가 떠올랐다 하더라도 그 아이디어를 실제 투자로 이어 가기 위해서는 관련 산업과 기업에 대한 공부가 뒷받침되어야 합니다.

그렇기에 더욱 우리는 앞에서 살펴본 시가총액 순위 변화를 눈여겨봐야 합니다. 시가총액이란 주식시장에서 기업들에게 매기는 가치이자 성적표이기 때문입니다. 시가총액 순위가 변화한다는 건 시장이 그 기업을 평가하는 가치가 변화하고 있다는 증거이기도 합니다. 초보투자자일수록 남들이 모르는 새로운 기업에서 투자의 기회를 찾기 전에 시가총액이 높은 기업들 중에서 앞으로 더욱 유망해 보이는 종목을 찾는 것이 먼저 아닐까요?

종목만 고르라는 법은 없다
초보자에게 적합한 ETF 투자

ETF 개념과 종류

ETF란 Exchanged Traded Fund의 약자로 상장지수펀드라고 부르는 투자상품입니다. 어떤 기업이 성장할 줄은 몰랐다고 하더라도 우리나라의 경제가 지속적으로 성장할 것이라고 예상했다면, 코스피지수에 투자해서 높은 수익률을 기록할 수 있었겠죠?

🌐 여기서 잠깐

인덱스펀드가 뭔데요?

인덱스(Index)란 '지수'라는 뜻입니다. 말 그대로 주가지수의 수익률을 그대로 복제하도록 만들어진 펀드상품입니다. 펀드는 자산운용사에서 상품을 운용하지만 실제 판매는 은행 혹은 증권회사에서 이루어지기 때문에 판매수수료가 붙게 됩니다. 또한 펀드는 가입할 때는 쉽지만 현금화하려면 환매금이 3일 혹은 4일 뒤에 들어오기 때문에 환금성이 떨어지는 단점이 있습니다. 펀드의 높은 수수료율과 낮은 환금성의 단점을 극복한 것이 바로 ETF입니다. ETF는 인덱스펀드처럼 지수를 추종하지만, 주식처럼 시장에서 사고팔 수 있기 때문에 수수료율이 낮고, 환매수수료가 없으며, 쉽게 현금화할 수 있습니다.

ETF가 초보자에게 적합한 이유는 개별종목보다는 주식시장의 지수 혹은 특정 섹터의 상승에 베팅하는 투자방식이기 때문입니다. 2020년 3월 코로나19의 확산으로 주가가 급격하게 하락했을 때를 생각해 보겠습니다. 어떤 종목을 사야 할지는 확신이 없지만, 이후에 경기가 회복되면 코스피지수가 상승할 거라 예상했다면 종목이 아닌 코스피지수를 추종하는 ETF를 매수할 수 있었겠죠.

〈그림 6-1〉은 코스피지수를 추종하는 KODEX 코스피 ETF입니다. 2020년 3월 14,228원 최저치를 기록했던 KODEX 코스피 ETF는 2021년 1월 32,585원을 기록하며 무려 1년도 되지 않아 2배 이상 상승한 모습을 보였습니다.

| 그림 6-1 | KODEX 코스피 ETF 일봉차트

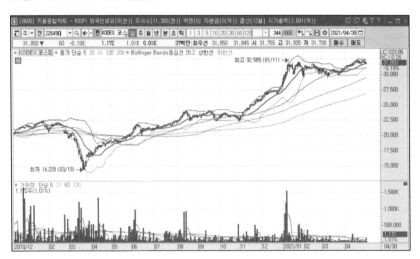

① ETF 읽는 법

ETF 이름의 앞부분은 자산운용사의 이름입니다. 삼성자산운용의 ETF 는 KODEX, 미래에셋자산운용의 ETF는 TIGER, KB자산운용의 ETF는 KBSTAR, 한화자산운용의 ETF는 ARIRANG, 한국투자신탁운용의 ETF는 KINDEX로 표시합니다.

ETF 이름의 뒷부분은 해당 ETF가 운용하는 테마를 나타냅니다. ETF는 운용테마 및 방법에 따라 매우 다양한 상품이 출시됩니다. 이름에 이를 표시함으로써 투자자들이 쉽게 ETF를 이해할 수 있도록 돕고 있죠. 추종하는 지수의 이름, 혹은 테마를 나타내는 것이 가장 일반적입니다.

KODEX 200은 삼성자산운용에서 운용하는 코스피200 지수를 추종하는 ETF입니다. TIGER 차이나 CSI300은 미래에셋자산운용이 운용하는 중국 증시 지수인 CSI300 지수를 추종하는 ETF입니다. KBSTAR 5대그룹주 는 KB자산운용이 운용하는 5대 그룹 테마를 운용하는 ETF입니다.

| 그림 6-2 | KODEX 홈페이지 (http://www.kodex.com/main.do)

| 그림 6-3 | TIGER 홈페이지 (https://www.tigeretf.com/npc/home.do)

② ETF의 종류

지수에 코스피지수, 코스닥지수 두 가지만 있을까요? 그렇지 않습니다. 지수는 시가총액의 크기에 따라서 또는 업종에 따라서 다양하게 만들 수 있습니다. 코스피시장 안에는 코스피지수뿐만 아니라 시가총액 순으로 종목 수를 압축한 코스피200, 코스피100, 코스피50이 있습니다. 또한 코스피시장에 상장된 종목들을 업종별로 묶어서 같은 섹터들끼리 모아둔 섹터지수도 존재합니다. 다양한 주가지수는 한국거래소 통계시스템에 접속하면 확인할 수 있습니다.

③ ETF 투자아이디어

앞으로 전기차의 시대가 도래할 것이라 생각해서 전기차 배터리 사업을 하는 2차전지 산업에 투자하고 싶다고 가정해 볼게요. 2차전지 산업이 유망해 보이기는 하지만 수많은 기업 중에 어떤 기업이 사업을 잘 영위할지

옥석을 가리는 것은 어려운 일입니다. 이럴 때는 'KODEX 2차전지산업'이
나 'TIGER 2차전지테마'에 투자하는 것이 하나의 방법입니다.

각 자산운용사의 홈페이지에는 운용하고 있는 전체 ETF와 해당 ETF의
포트폴리오 구성종목, 운용성과 등을 매일매일 공시하고 있습니다. 따라
서 ETF를 운용하는 자산운용사의 홈페이지에 방문하여 어떤 ETF 상품이
있고, 그 안에는 어떤 종목들이 편입되어 있는지, ETF의 설정 이후 수익률
은 어땠는지 살펴보는 것도 좋은 투자아이디어가 될 것입니다.

산업의 성장은 확실히 기대가 되는데, 그 산업 내에서 어떤 기업이 경
쟁력이 있을지 고민될 때, 혹은 투자금은 작은데 투자하고 싶은 기업은 많
을 때 ETF를 통한 투자가 그 대안이 될 수 있습니다.

④ ETF에 대한 PDF(Portfolio Depositary File)

PDF란 ETF가 어떤 자산으로 구성되어 있는지 구성항목과 비중을 공개한
파일입니다. ETF를 운용하는 자산운용사는 ETF가 어떤 자산들을 보유하
고 있는지 매일 공표하게 되어 있기 때문에, 투자자들은 PDF를 확인함으
로써 이를 확인할 수 있습니다. PDF는 한국거래소 통계시스템 혹은 자산
운용사 홈페이지에서 확인할 수 있습니다. '상품정보 > PDF 다운로드' 항
목에 접속하면 모든 ETF의 구성자산을 확인할 수 있습니다.

스마트한 개미로 거듭나는 유튜브 활용법

주식투자에 대한 정보를 어디서 접하나요? 예전에는 기업의 공시, 뉴스기사, 증권사 애널리스트 리포트가 정보를 얻는 주요채널이었다면 최근에는 유튜브가 주요채널로 두각을 나타내고 있습니다. 이러한 변화의 흐름에 대응하고자 증권회사와 자산운용사들도 앞다투어 유튜브 채널을 만들어서 다양한 정보를 투자자들에게 제공하고 있습니다. 무려 2,000개가 넘는 상장주식 중에서 어떤 종목부터 공부해야 하는지 막막하다면 유튜브 채널 혹은 투자전문가를 통해 투자아이디어를 얻는 것도 좋은 방법입니다.

삼프로TV_경제의 신과함께

증권사 애널리스트, 펀드매니저, 전업투자자 등 다양한 투자전문가를 초빙하여 산업이나 주식에 대한 관점 및 투자방법에 대해 알려 주는 채널입니다.

Super K- 슈퍼개미김정환

초보투자자들에게 과외를 해 주는 것과 같은 영상으로 개인투자자들에게 큰 인기를 얻은 채널입니다. 어떤 종목에 주목해야 하는지 실적을 기반으로 한 종목 스크리닝부터 각 산업과 종목에 관한 밸류에이션까지, 주식의 다양한 정보를 알려 주는 채널입니다.

슈퍼개미 이세무사TV

딱딱하고 어려울 수 있는 주식투자를 보다 쉽게 느낄 수 있도록 친절함과 재미를 곁들이면서도 주식투자의 핵심을 알려 주는 채널입니다.

슈퍼개미 배진한 레슨몬TV

주식투자로 큰 자산을 축적한 투자전문가로서 자신의 노하우를 레슨하듯이 알려 주는 채널입니다. 자신의 노하우뿐만 아니라 다른 투자전문가들을 초대하여 그들의 노하우를 배우는 영상 또한 볼 수 있습니다.

김작가 TV

자기계발 및 동기부여 영상을 주제로 다양한 인물들을 인터뷰하는 채널로 시작하여 지금은 주식투자의 고수들을 초빙하여 실전 경험담 및 투자노하우를 알려 주는 채널입니다.

주식유치원_야너주

파고쌤이 운영하는 유튜브 채널입니다. 주식초보자들이 투자할 때 필요한 정보를 쉽게 이해할 수 있도록 전달하는 것이 채널의 핵심주제입니다. 크게 국내주식투자, 해외주식투자, 공모주투자, 기타 투자정보로 4가지 카테고리의 영상을 제작해 업로드하고 있습니다.

그 외에도 투자에 도움을 받을 수 있는 유튜브 채널들

- 815머니톡
- 티트랜드
- 이리온 스튜디오
- 자이앤트TV
- 소소하게크게
- 디일렉 THEELEC

7장

실전
투자 2

기업분석은 어떻게 하나요?
기본적 분석

좋은 투자아이디어가 떠올랐다고 해당 기업의 주식을 바로 매수해서는 안 됩니다. 내가 떠올린 아이디어를 통해 정말 그 기업의 가치가 앞으로 커질지, 지금 현재 사업은 잘하고 있는지, 기업의 재무상태는 어떤지 등을 확인해야 합니다. 기업의 사업보고서를 읽고 재무제표를 분석하고, 증권사 애널리스트의 보고서를 읽으면서 기업의 가치를 분석하는 방법을 '기본적 분석'이라 부릅니다. 이번 장에서는 기본적 분석에서 가장 기본이 되는 내용을 배워 보도록 하겠습니다.

사업보고서
읽는 법

사업보고서의 구성 요소

기업분석에서 가장 기본적이면서도 중요한 것을 하나만 꼽으라면 그것은 바로 사업보고서입니다. 사업보고서는 기업이 1년에 한 번씩 현재 사업현황 및 전망 등을 투자자들에게 알리는 정기공시입니다. 즉, 사업보고서란 기업의 한 해 성적표입니다.

사업보고서는 금융감독원의 전자공시시스템 DART에서 확인할 수 있습니다. DART(Data Analysis, Retrieval and Transfer System)는 상장법인 등이 공시서류를 인터넷으로 제출하고, 투자자를 비롯한 이용자들은 기업이 공시서류를 제출함과 동시에 인터넷을 통해 관련 서류를 조회할 수 있도록 금융감독원에서 운영하는 인터넷 시스템입니다. 전자공시시스템에서는 기업이 공시하는 모든 정보를 조회할 수 있는데, 크게 발행공시와 유통공시가 있습니다.

발행공시와 유통공시는 무엇이 다른가요?

발행시장은 기업이 자금을 조달하기 위하여 새로운 주식이나 채권을 발행하는 시장이고, 유통시장은 이미 발행된 주식이나 채권을 투자자들끼리 거래하는 시장입니다. 주식에만 국한해서 생각해 본다면 새로운 종목이 상장될 때는 발행시장을 통해, 그리고 상장된 이후에 주식이 거래된다면 유통시장을 통해 거래되는 것입니다. 발행시장의 소식이 발행공시, 유통시장의 소식이 유통공시입니다.

발행공시

새로운 주식이나 채권의 발행에 관한 증권신고서입니다. 50인 이상의 투자자에게 공개적으로 주식이나 채권을 발행하는 것을 공모라고 부릅니다. 이렇게 공모로 새로운 증권을 발행하기 위해서는 주요사항보고서, 증권신고서, 투자설명서, 증권발행실적보고서 등을 의무적으로 공시해야 합니다.

유통공시

정기공시와 주요사항보고서, 지분공시와 수시공시로 분류할 수 있습니다.

- 정기공시

  이미 상장된 기업이 사업상황 및 재무상황, 경영실적 등에 대해 투자자에게 정기적으로 자료를 공시하는 것입니다. 매 3개월마다 공시를 해야 하며 이를 분기보고서, 반기보고서, 사업보고서라고 부릅니다. 바로 이 정기공시에 재무제표가 있는 거죠.

- 주요사항보고서

  투자자들의 투자판단에 중요한 역할을 미칠 수 있는 사유가 발생했을 때 의무적으로 공시해야 하는 내용입니다. 기업의 분할이나 합병, 자본의 증감인 신주인수권부사채 혹은 교환사채 등이 이에 해당합니다.

- 지분공시

  기업의 주요주주 및 임직원의 지분율 변동현황이 생겼을 때, 혹은 해당 기업의 지분을 5% 이상 대량 보유하게 된 경우 나오는 공시입니다.

- 수시공시

  주요 경영상의 정보, 미래계획, 뉴스보도에 대한 사실여부 등 비정기적이지만 투자자에게 긴급하게 알려야 할 때 하는 공시입니다.

| 그림 7-1 | 전자공시시스템 홈페이지

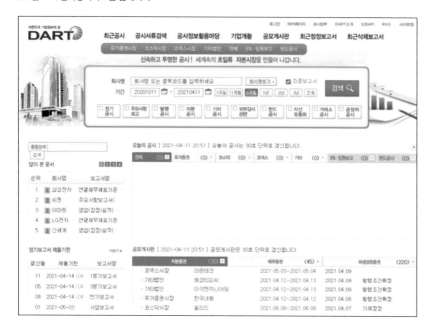

사업보고서는 〈그림 7-1〉의 전자공시시스템에서 찾고자 하는 기업명을 검색하여 조회할 수 있습니다.

〈그림 7-2〉는 전자공시시스템에서 사업보고서를 조회한 화면입니다. 조회 기간에는 '전체', 분류사항은 '정기공시'를 선택하면 사업보고서를 조회할 수 있습니다.

조회된 결과 중에서 사업보고서 기준으로 가장 최신인 2020년 3월 30일에 공시된 사업보고서(2019.12)를 선택하면 〈그림 7-3〉과 같은 화면을 볼 수 있습니다.

| 그림 7-2 | 전자공시시스템 정기공시 조회

| 그림 7-3 | 사업보고서

사업보고서의 내용 중 중요하지 않은 것은 없습니다. 〈그림 7-3〉에서 왼쪽에 있는 사업보고서 목차를 보면 사업보고서에 어떤 내용들이 포함되는지 알 수 있습니다.

① 자본금 변동사항

기업은 사업을 하기 위해 내 돈과 남의 돈을 사용합니다. 내 돈을 회계용어로 자본, 남의 돈을 부채라고 합니다. 다른 사람이 돈을 빌려주는 이유는 기본적으로 이자를 받기 위함입니다. 반면 기업의 주주들이 자본금을 내는 이유는 사업이 잘 돼서 돈을 많이 벌어 이익을 향유하려 하기 위함입니다.

매년 순이익으로 100억 원을 버는 A라는 기업이 있습니다. A기업에 자본금을 댄 투자자들이 100명일 때는 한 사람이 가져갈 수 있는 금액이 1억 원인 반면, 1,000명일 때는 1천만 원으로 줄어듭니다. (이해를 돕기 위해 모든 주주가 같은 금액을 냈고, 기업은 이익금을 100% 배당한다고 가정했습니다.) 주주에게 기업의 자본금 크기는 곧 나의 이익 크기와 직결됩니다. 따라서 기업의 자본금이 어떻게 변하는지는 주주로서 중요하게 체크해야 하는 사항입니다.

② 사업의 내용

주식시장에는 2,000개가 넘는 기업들이 상장되어 있습니다. 사업의 내용은 각 기업이 어떤 산업에서 어떤 비즈니스 모델을 통해 돈을 버는지 구체적인 수치를 근거로 작성한 것입니다. 경영자 혹은 임직원이 투자자에게 자신의 기업을 소개하는 것을 기업설명회라고 합니다. 사업의 내용은 글로 읽는 기업설명회인 것이죠.

　사업의 내용에는 현재 기업이 영위하는 산업에 대한 설명부터 기업이 그 산업 내에서 가진 경쟁력은 무엇인지, 경쟁상황은 어떤지, 앞으로 추진하고자 하는 신규사업은 무엇이고 전망은 어떤지, 현재 사업부문별 매출액은 어떻고 전체 매출액에서 그 비중은 어떤지 등이 담겨 있습니다.

③ 재무에 관한 사항

기업의 경영활동에 따른 재무상태를 나타낸 보고서를 재무제표라고 합니다. 재무제표의 종류에는 재무상태표, 손익계산서, 자본변동표, 현금흐름표 등이 있습니다. 재무상태표는 특정 시점의 기업의 자산, 부채, 자본을 나타냅니다. 손익계산서는 일정 기간 동안의 기업의 매출, 비용, 수익 등을 나타내고 현금흐름표는 경영활동에 따른 실제 현금지출의 변동을 나타냅니다.

　사업보고서의 재무제표에는 연결재무제표와 별도재부제표가 존재합니다. 연결재무제표란 해당 기업의 재무제표뿐만 아니라 기업이 지배하고 있는 종속기업의 재무제표를 합쳐 작성한 것입니다. 별도재무제표는 종속된 기업의 재무제표를 합치지 않고, 해당 기업의 재무제표만을 기준으로 작성한 것입니다.

④ 이사의 경영진단 및 분석의견

경영진의 시각에서 영업실적 및 재무상태 등의 변동원인, 향후 기업의 전망에 대한 분석의견을 정리한 것이 이사의 경영진단 및 분석의견입니다. 재무제표의 수치만으로는 명확히 드러나지 않는 정보를 제공하는 것이 목적이기 때문에, 투자자들은 이 부분을 통해 현재 경영진들이 바라보는 경영에 대한 중요사항 및 분석을 확인할 수 있습니다. 이사의 경영진단 및 분석의견은 사업보고서에만 포함되기 때문에, 분기보고서 혹은 반기보고서에서는 볼 수 없는 정보입니다.

⑤ 주주에 관한 사항

"최대주주의 지분율이 낮은 기업은 조심하라" 혹은 "최대주주의 지분율이 높을수록 긍정적이다"라는 투자조언이 있습니다. 최대주주란 기업의 발행주식을 가장 많이 소유한 개인 혹은 법인을 뜻합니다. 최대주주의 지분율이 높다는 것은 여러 가지 해석이 가능합니다. 경영권이 그만큼 안정적이란 뜻이며, 최대주주가 기업의 미래에 대해 그만큼 확신이 있다는 뜻이기도 합니다.

따라서 주주에 관한 사항을 볼 때는 최대주주가 누구이고, 지분율은 어떤지를 자세히 봐야 합니다. 또한 최대주주의 지분이 변동될 때에는 더욱 민감하게 봐야겠죠. 최대주주의 지분율 변동은 공시 대상이기 때문에 최대주주의 지분 변동이 생기면 기업은 의무적으로 공시를 해야 합니다. 최대주주가 기업의 지분율을 높이면 주가에는 긍정적인 신호로, 지분을 매각해서 지분율이 낮아지면 주가에는 부정적인 신호로 해석하는 것이 일반적입니다.

⑥ 계열회사 등에 관한 사항

사업보고서를 공시하는 기업이 다른 기업들의 지분을 소유하고 있어 같은 집단으로 묶일 때 작성하게 됩니다. 계열회사에 관한 사항이 중요한 이유는 상장기업의 경우 비상장기업들을 계열회사로 포함하는 경우가 많은데, 이때 비상장기업이 주가상승의 촉매제로 작용하는 사례가 많기 때문입니다. 따라서 계열회사에 관한 사항을 꼼꼼히 읽어 보는 것은 투자에 큰 도움이 됩니다.

사업보고서의 내용을 꼼꼼히 읽고, 재무제표의 숫자들을 비교하고 분석하는 것, 나아가 경쟁기업들의 사업보고서를 읽으며 기업이 시장에서 경쟁력이 있는지 파악하여 기업의 가치를 판단하는 것을 주식을 평가하는 기본적 분석이라고 합니다. 기본적 분석은 매우 중요하지만 초보투자자들이 사업보고서를 읽고 기업의 가치를 분석하기란 쉽지 않습니다.

사업보고서를 누구나 쉽게 분석하고 기업의 적정가치를 알아낼 수 있다면 주식의 가격이 크게 변하지 않을 겁니다. 누구나 쉽게 해당 기업의 주식이 얼마가 적정한지를 판단한다면, 주식의 가격이 기업의 적정가치보다 높게 거래될 때는 사려고 하지 않고, 기업의 가격이 적정가치보다 낮게 거래된다면 팔려고 하지 않겠죠. 하지만 2021년 1월부터 2월까지 코스피시장의 하루 평균 거래대금은 23조 원, 코스닥시장의 하루 평균 거래대금은 14조 원이었습니다. 주식가격이 적정한지에 대한 판단은 투자자 모두가 다르기 때문에 주식시장에서 거래가 활발히 일어나는 것입니다. 여러분도 사업보고서 읽는 연습을 통해 자신만의 기업가치를 판단해 보세요.

전자공시스템에서는 무엇을 봐야 하나요?

전자공시시스템(http://dart.fss.or.kr/)은 수많은 정보가 있는 망망대해와도 같습니다. 관심 있는 기업을 검색하면 그 기업이 과거부터 지금까지 공시한 수많은 정보가 나열되기 때문에 주식초보자들이 이러한 정보를 어떻게 활용할지 막막한 것이 사실입니다. 금융감독원에서는 투자자들을 위해 공시정보 활용 방법에 대해 친절하게 안내해 주고 있습니다. 전자공시시스템에 접속하면 다음과 같은 화면이 나옵니다.

금융감독원 전자공시시스템

홈페이지 좌측 하단에 보이는 '기업공시제도일반'이라고 적힌 메뉴를 누른 다음 '더보기'에 들어 가면 다음과 같은 화면이 나옵니다.

전자공시시스템 기업공시제도일반

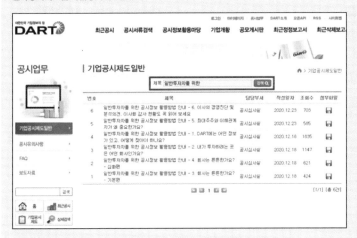

'일반투자자를 위한 공시정보 활용방법 안내'를 검색하면 2020년 12월 금융감독원에서 총 6회에 걸쳐 업로드한 전자공시시스템 활용법 자료를 확인할 수 있습니다. 해당 자료를 통해 어렵기만 한 전자공시시스템이 한결 쉽게 다가 올 겁니다.

재무제표를 보라던데,
기업의 재무제표에서는 무엇을 보나요?

성장성, 활동성, 수익성, 안정성비율

재무제표는 기업이 정기적으로 공시하는 분기, 반기, 사업보고서에 첨부되어 있습니다. 재무제표를 분석하는 것은 기업의 가치를 분석하는 기본적 분석의 기초가 됩니다. 여기서 재무비율이란 재무제표를 통해 확인하는 수치들의 비율을 말합니다.

① 성장성비율

기업이 성장한다는 말은 매출과 이익이 증가한다는 뜻입니다. 기업의 매출이 전년 대비 얼마나 증가했는지를 확인하는 매출액 증감율, 이익의 전년 대비 증감을 확인하는 영업이익 증감율, 순이익 증감율 등이 있습니다. 지표의 값이 높을수록 더 크게 성장하고 있다고 판단할 수 있습니다.

② 활동성비율

기업의 활동성이란 기업이 가진 자산으로 얼마만큼의 매출액을 만들어 냈는지를 뜻합니다. 기업의 매출액을 기업의 총자산으로 나눈 총자산 회전율, 기업의 매출액을 재고자산으로 나눈 재고자산 회전율, 기업의 매출액을 매출채권으로 나눈 매출채권 회전율 등이 대표적인 활동성비율 지표입니다. 수치가 높을수록 기업이 역동적으로 경영활동을 수행하고 있다고 평가할 수 있습니다.

③ 수익성비율

기업이 사업을 통해 벌어들이는 영업이익, 순이익 등이 매출액 대비 얼마나 수익성이 좋은지를 평가하는 것입니다. 영업이익률이란 영업이익을 매출액으로 나눈 재무비율이며, 순이익률이란 순이익을 매출액으로 나눈 비율입니다. 영업이익이나 순이익을 매출액이 아닌 총자산 혹은 자기자본 등으로 나눔으로써 자산 대비 수익성비율, 자본 대비 수익성비율을 구할 수도 있습니다.

④ 안정성비율

기업의 현금지불능력이 단기 혹은 장기적인 부채상환 요구로부터 얼마나 안정적인가를 판단하는 지표입니다. 가장 대표적인 안정성비율에는 부채비율이 있습니다. 부채비율이 낮을수록 기업의 경영활동이 안정적이라고 판단합니다. 기업의 단기적인 지불능력을 살펴보는 지표로는 유동비율이 있습니다. 유동비율은 유동부채를 유동자산으로 나눈 값으로, 1년 이내에

갚아야 하는 단기채무를 1년 이내 현금화할 수 있는 유동자산으로 얼마나 갚을 수 있는지를 측정하는 지표입니다.

이와 같은 재무비율을 계산하는 이유는 기업 자체만을 독립적으로 평가하기 위함도 있지만, 그보다 같은 업종 내 경쟁기업과의 재무비율 비교를 통해 상대평가를 하기 위한 목적도 있습니다. 예를 들어 같은 산업의 경쟁기업인 A와 B가 매출액은 비슷하지만, 영업이익률에서 차이가 나거나, 매출과 순이익의 크기는 비슷하지만 부채비율이 다르다면 두 종목에 대한 투자자들의 선호도도 이에 따라 달라질 수 있습니다.

또한 재무비율을 분석할 때는 해당 기업이 영위하는 산업의 특성을 고려해야 합니다. 서로 다른 사업을 하는 A기업과 B기업을 단순히 재무비율 수치로 비교한다면 제대로 된 비교라고 보기 어렵기 때문입니다.

🌐 여기서 잠깐

재무비율을 직접 계산하지 않아도 알 수 있나요?

에프앤가이드의 상장기업 정보 사이트(http://comp.fnguide.com/)를 이용하면 재무비율을 직접 계산하지 않고도 확인할 수 있습니다. 해당 사이트에 접속하여, 오른쪽 상단에 내가 조회하고자 하는 기업의 종목명을 입력하세요. 검색하고자 하는 종목을 입력했다면, 다음의 그림처럼 좌측 상단에 있는 '기업정보>재무비율' 메뉴를 순서대로 눌러 재무정보 비율을 확인할 수 있습니다.

에프앤가이드 상장기업 정보사이트의 재무비율

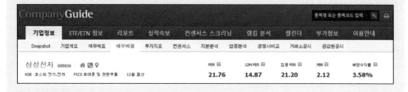

증권사 애널리스트 보고서
읽는 법

보고서 활용

증권사 애널리스트가 작성한 기업분석보고서의 목표주가를 얼마나 신뢰하나요? 우리나라의 애널리스트 보고서에는 매수의견만 있고 매도의견이 거의 없기 때문에 신뢰할 수 없다고 생각하나요?

증권사의 애널리스트는 투자전략-자산배분 애널리스트, 기업분석 애널리스트, 퀀트 애널리스트 등 여러 역할로 나뉩니다. 이 중에서 기업분석 애널리스트의 경우 특정 산업을 정해서 해당 산업과 그 산업에 속한 기업에 대해 전문적인 보고서를 작성합니다. 해당 산업에 대해 파악하기 위해서 기업 탐방도 일반투자자보다 많이 가고, 관련 세미나도 자주 참석하기 때문에 기업분석 애널리스트들은 일반투자자에 비해 산업과 기업에 대해 더 많은 정보와 지식을 갖추게 됩니다.

투자자로서 우리는 애널리스트의 보고서 내용 중 목표주가에 주목할 것이 아니라, 애널리스트들이 어떠한 근거로 그러한 목표주가를 산출했는지를 봐야 합니다. 또한 기업분석보고서도 좋지만 산업분석보고서가 나온다면 꼭 챙겨 봐야 합니다. 일반투자자들이 접하기 어려운 다양한 산업에 대한 깊이 있는 보고서를 통해 좋은 투자아이디어를 얻을 수 있기 때문입니다.

🌐 여기서 잠깐

애널리스트 보고서는 어떻게 볼 수 있나요?

가장 먼저 애널리스트들이 속한 증권회사에 접속하면 해당 증권회사 홈페이지에서 확인할 수 있습니다. 하지만 증권회사가 많기 때문에 일일이 접속해야 한다는 번거로움이 있겠죠.

이를 해결해 주는 사이트가 '한경컨센서스'입니다. 한국경제에서 운영하는 이 사이트에는 발간되는 거의 모든 애널리스트 보고서가 무료로 공개됩니다. 해당 사이트에 접속한 뒤 내가 검색하고 싶은 특정 키워드를 넣어 보고서를 검색하거나, 혹은 전체리포트를 눌러 그날 업로드된 보고서를 살펴볼 수도 있습니다.

컨센서스 홈페이지 예시 (http://consensus.hankyung.com/)

주식을 고르는 잣대,
투자지표

PER, PBR

PER과 PBR은 기업의 가치를 측정하는 상대가치평가법 중 가장 대표적인 지표입니다. 상대가치평가법은 또 뭐냐고요? 기업의 가치를 평가하는 방법에는 절대가치평가법과 상대가치평가법이 있습니다.

먼저 절대가치평가법의 대표적인 예는 DCF(Discounted Cash Flow)입니다. 기업이 미래에 벌어들일 현금흐름을 추정해서 이를 기업의 자기자본 비용(쉽게 생각하면 이자율)으로 나눈 합계가 곧 기업의 가치라고 평가하는 방법이에요. 기업이 미래에 벌어들일 현금흐름을 추정하기 위해서는 여러 가지 가정이 필요하기 때문에 DCF를 '절대가치평가'라 부르는 것이 조금 어색할 수도 있습니다. 하지만 기업이 미래에 벌어들일 현금을 예측할 수만 있다면 기업의 주가와 상관없이 기업의 가치를 평가할 수 있다는 점에서 절대가치평가법이라고 부릅니다.

반대로 상대가치평가법에는 대표적으로 PER, PBR, PSR, EV/EBITDA

등이 있습니다. 말 그대로 기업의 상대적인 가치를 측정하는 평가방법입니다.

① PER(Price Earning Ratio)

Price Earning Ratio의 약자로, 주가수익비율이라고 하며 보통 '퍼'라고 읽습니다. PER는 기업의 상대적 가치인 시가총액을 기업이 벌어들이는 순이익으로 나눈 수치입니다. 시가총액이 상대적 가치인 이유는 시가총액은 매일의 주가 변동에 따라서 바뀌기 때문이에요. PER를 계산할 때 기업의 시가총액을 순이익으로 나누는 대신, 기업의 주가를 기업의 1주당 순이익으로 나누기도 합니다.

> 예상 주가수익비율(PER) = 주가 ÷ 예상 주당순이익(EPS)

기업의 1주당 순이익을 EPS(Earnings Per Share)라고 부르는데, 기업이 벌어들이는 전체이익을 기업의 발행주식수로 나누면 EPS가 나오죠. 어떤 방법으로 PER를 구하든지 값은 같습니다. 여기서 중요한 점은 PER는 주가에 따라 그 수치가 매일매일 변한다는 거예요. 기업의 이익을 추정할 수만 있다면 주가는 바로 확인할 수 있기 때문에 PER는 계산하기가 비교적 간단합니다.

> 예상 주당순이익(EPS) = 기업이 벌어들이는 전체이익 ÷ 발행주식수

단, 여기서 PER지표를 계산할 때 순이익 지표로 어떤 것을 사용하느냐가 중요합니다. PER는 주가를 주당순이익으로 나눈 값이라고 설명했죠? 주가는 매일 그 값을 정확하게 알 수 있지만, 주당순이익은 어떤 시점을 기준으로 1년치를 계산하느냐에 따라 값이 많이 달라집니다. 예를 들어 2021년 2월 기준으로 PER를 계산할 때 기업의 과거이익인 2020년 주당순이익을 기준으로 PER를 계산하는 것과 기업의 미래 추정이익인 2021년 주당순이익을 예상하여 PER를 계산하는 것은 수치가 달라집니다.

이미 결산이 끝난 기업의 과거 실적을 이용하여 PER를 계산하는 것을 Trailing PER라 부르고, 미래의 이익을 추정하여 PER를 계산하는 것을 Forward PER라 부릅니다. 주가는 기업의 미래를 반영하기 때문에 PER 계산에서는 미래이익의 추정치를 사용한 Forward PER를 투자자들이 더 많이 참조합니다.

🌐 여기서 잠깐

기업의 미래실적을 어떻게 추정하나요?

개인투자자로서 한 기업이 벌어들일 미래이익을 추정하기는 매우 어렵습니다. 그래서 이때 자주 참고하는 것이 증권사 애널리스트들이 추정한 해당 기업의 미래이익 평균치(이를 컨센서스라고 부릅니다)를 사용합니다. 증권사 애널리스트들이 상장된 모든 종목에 대해 추정치를 계산하는 것은 아닙니다. 시가총액이 크고 업종을 대표하는 종목만을 커버하는 경우가 많죠. 코스피 기준으로는 약 200여 개의 종목을, 코스닥 기준으로는 약 130여 개의 종목에 대해 증권사 애널리스트들이 미래이익을 추정합니다.

PER는 네이버 증권에서도 간단히 확인할 수 있습니다. 원하는 종목명을 검색하면 최근 결산분기 기준으로 PER 수치를 확인할 수 있는데, 최근 결산분기란 검색하는 시점을 기준으로 결산이 완료된 최근 4개 분기이익을 합하여 PER를 계산했다는 뜻입니다. 반대로 미래의 이익을 기준으로 PER를 계산하고 싶다면 앞서 설명한 대로 애널리스트의 추정 순이익을 사용하거나 혹은 직접 기업의 순이익을 추정해야 합니다.

예시로 삼성전자의 2021년 2월 기준 PER를 구해 볼게요. PER를 구하려면 삼성전자의 시가총액과 삼성전자가 2021년 벌어들일 순이익 예상치가 필요합니다. 2021년 2월 말 기준, 삼성전자의 시가총액(우선주 포함)은 약 550조 원입니다. 애널리스트들이 추정한 2021년 삼성전자의 순이익은 대략 34조 원 수준입니다. 따라서 550조 원을 34조 원으로 나눈 16이 바로 삼성전자의 2021년 Forward PER가 됩니다.

PER의 의미는 기업이 현재 벌어들이는 순이익을 앞으로 계속해서 벌어들인다고 가정했을 때 기업의 현재가치(시가총액)까지 도달하는데 몇 년이 걸릴까입니다. 따라서 삼성전자의 PER가 16이란 의미는, 삼성전자의 시가총액은 현재 삼성전자가 벌어들이는 순이익을 16년 동안 벌었을 때의 값이라고 해석할 수 있는 거죠.

② PBR(Price Book Ratio)

Price Book Ratio의 약자로 주가순자산비율을 뜻합니다. 시가총액을 기업의 순자산으로 나누거나, 혹은 주가를 주당순자산으로 나눈 값입니다. 주당순자산을 영어로는 BPS(Book value Per Share)라고 합니다. 여기서 순자산은 총자산에서 총부채를 뺀 총자본을 의미해요. Book Value를 기업의 장부가치라고도 말하는데 그 이유는 순자산이 대차대조표(장부)에 나와있는 가치이기 때문이에요.

$$주가순자산비율(PBR) = 주가 \div 주당순자산$$

PBR을 구하는 방법은 PER보다 더 간단합니다. 기업의 시가총액을 최근 분기의 대차대조표를 통해 확인되는 순자산 값으로 나누면 되기 때문이죠. 2021년 2월 기준 삼성전자의 PBR 수치를 확인해 볼까요?

2020년 9월 결산기준 분기보고서에 나와 있는 삼성전자의 지배기업 소유주지분 순자산은 약 268조 원입니다. 2021년 2월 기준 삼성전자의 시가총액이 550조 원이라고 했죠? 따라서 550조 원을 268조 원으로 나눈 값인 2.05가 삼성전자의 PBR 지표입니다.

🌐 여기서 잠깐

PER와 PBR 헷갈리지 마세요!

학교에서 기업가치평가 시간에 PER과 PBR을 계산할 때는 사실 주식수를 총발행주식수가 아닌 수정기말유통주식수를 사용하는 등 조금 더 복잡하게 PER과 PBR을 계산합니다. 하지만 초보투자자들에게 있어 소수점까지 정확하게 계산하는 능력보다는 PER과 PBR의 의미와 계산법을 이해하고, 큰 흐름을 파악하는 것이 더 중요합니다.

PER는 기업이 벌어들이는 이익에 주목한 가치이기 때문에 기업의 사업가치에 집중하는 평가방법이고, PBR은 기업이 가지고 있는 순자산에 주목한 가치이기 때문에 기업의 자산가치에 집중하는 평가방법입니다. 주식시장의 흐름에 따라 기업의 사업가치가 주목을 받을 때는 PER 지표를 활용한 주식투자가 높은 수익률을 보이고, 반대로 기업의 자산가치가 주목을 받을 때는 PBR 지표를 활용한 투자법이 각광을 받습니다.

HTS에서 주가와 재무제표 한 번에 확인하기

재무제표에 대해 간략하게 공부해 보았습니다. 주가는 결국 기업 실적의 함수라는 말을 들어보았나요? 단기적으로는 테마 혹은 수급에 의해 주가가 움직일지 몰라도, 장기적으로는 기업의 실적에 따라 주가가 움직인다는 뜻입니다.

결국 기업의 실적을 파악하는 것이 주식투자의 핵심이겠죠. 미래의 실적은 수많은 분석과 예측이 필요하기에 추정하기 어렵지만, 과거의 실적은 이미 재무제표에 공시되어 있습니다. 따라서 과거의 실적과 기업의 주가차트를 비교해 보는 것만으로도 매우 좋은 투자공부가 됩니다.

그렇다면 기업의 실적이라 할 수 있는 매출액, 영업이익, 순이익의 변동을 주가와 함께 살펴볼 수 있을까요? 네, 가능합니다. 바로 증권사에서 제공하는 HTS의 '재무차트'라는 기능을 사용하면 됩니다.

〈그림 7-4〉는 HTS 프로그램에서 재무차트 기능을 이용하여 분기별 주가와 매출액, 영업이익, 당기순이익을 함께 차트로 나타낸 것입니다. 〈그림 7-4〉를 보면 2015년 말부터 2018년 초까지 매출액과 영업이익, 순이익이 크게 증가하는 모습을 볼 수 있습니다. 주가는 이러한 실적의 우상향을 미리 반영하여 2015년 말부터 2017년 4분기까지 상승하죠.

그렇다면 지금 현재의 상황은 어떨까요? 매출액과 영업이익 순이익은 모두 기업의 최고치였던 2018년 대비 낮은 데 비해, 주가는 사상 최고치를 기록하고 있습니다. 현재 상황은 두 가지 해석이 가능합니다. 첫 번째는 주가가 기업의 미래 실적이 좋아질 것을 미리 반영하고 있다고 해석하는 것입니다. 즉, 코로나19 위기가 지나간 뒤에 2021년부터 기업의 실적이 좋아질 것으로 예상하기 때문에 주가가 먼저 올랐다는 해석입니다.

| 그림 7-4 | 재무차트 예시 (2010~2021)

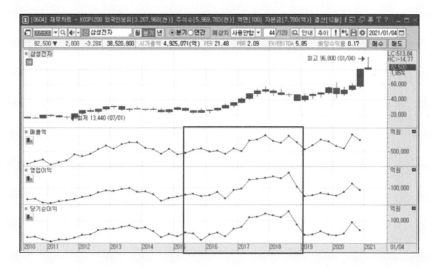

두 번째는 실적 대비 주가가 지나치게 높다고도 해석할 수 있습니다. 2017년부터 2018년 반도체 슈퍼사이클로 인해 기록적인 영업이익과 순이익을 기록할 때보다 현재 벌어들이는 이익이 적음에도 불구하고 주가는 2018년의 주가보다 높게 거래되고 있기 때문입니다.

어떤 해석이 맞을지는 시간이 지나 봐야 알 수 있습니다. 다만 우리는 이렇게 재무차트를 통해 어떤 기업의 실적과 주가의 흐름을 동시에 비교할 수 있습니다. 여러분도 관심 있는 기업의 재무차트를 통해 실적과 주가를 비교해 보세요. 그리고 실적은 과거보다 높은데 주가가 과거보다 낮게 거래된다면, 왜 그럴까를 고민해 보세요. 그곳에 좋은 투자아이디어가 숨어 있을 수 있습니다.

주식유치원
3학년

주식유치원 2학년에서 투자아이디어를 찾고 기업의 가치를 분석하는 기본적 분석에 대해 배웠다면, 3학년에서는 주식투자의 또 다른 축이라 볼 수 있는 주가의 움직임을 분석하는 기술적 분석에 대해 배워 보겠습니다. 주식의 가격은 장기적으로 기업의 실적에 따라 움직이지만, 단기적으로는 수요와 공급에 의해 결정됩니다. 주가의 움직임 속에서 추세를 찾고, 이를 매매에 적용하는 방법을 배워 보도록 하겠습니다.

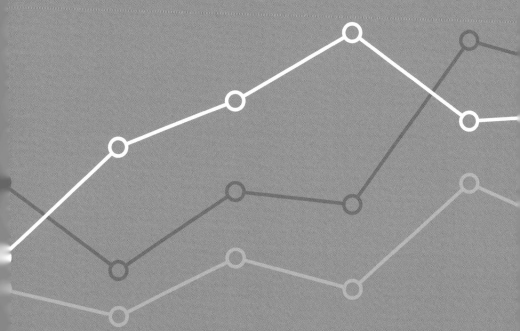

8장

실전
투자 3 | 언제 사고, 언제 팔까요?
기술적 분석

'어떤 종목을 살 것인가'와 함께 투자자들을 늘 고민하게 만드는 질문은 바로 '언제 사고, 언제 팔아야 할 것인가'입니다. 주식은 변동성이 높은 투자상품입니다. 변동성이 높다는 말은 어떤 기업의 주가가 어제는 5% 빠졌다가, 오늘은 7% 오를 수도 있다는 의미입니다. 주식투자자의 고민은 여기에서 시작됩니다. 기업의 본질적인 가치는 어제와 오늘 크게 달라진 것이 없음에도 불구하고, 어제는 싸게 거래되고 오늘은 비싸게 거래된다면, 투자자로서는 당연히 주가가 쌀 때 사고 싶고, 비쌀 때는 팔고 싶게 됩니다.

그럼 언제가 싸고, 언제가 비싼지를 알아야겠죠. 이를 파악하기 위해 사람들은 매일 주가 움직임을 기록하고 분석하기 시작했습니다. 이렇게 매일의 주가 움직임을 차트로 나타낸 뒤 이를 분석하여 미래 주가를 예측하는 것이 바로 기술적 분석입니다. 이번 장에서는 기술적 분석을 위해 알아야 하는 기초개념을 배워 보도록 하겠습니다.

봉차트,
차트분석의 시작

색깔, 길이, 꼬리 그리고 갭

하루의 주가 움직임을 표현하는 방법은 다양합니다. 예를 들어 보겠습니다. 주가가 81,700원에서 시작해 81,000원까지 내려갔다 다시 82,800원까지 오르고 81,900원에 마무리되었다고 합시다. 누군가가 '이 주식은 81,900원에 거래되었다'라고 말한다면 이는 절반만 맞는 말입니다. 분명 81,900원에 마무리되었지만, 이날 주가는 81,000원까지 내려갔다 82,800원까지 올랐기 때문이죠.

이렇게 주가의 움직임은 시가와 종가, 그리고 최저가와 최고가가 존재합니다. 시가란 시초가의 줄임말로 거래를 시작하는 가격을 의미합니다. 이 예시에서 시가는 81,700원이 됩니다. 반대로 종가는 거래를 마감하는 가격입니다. 이때 종가는 81,900원입니다. 최저가와 최고가는 말 그대로 일정기간 동안의 주가 움직임 중에서 가장 낮은 가격과 가장 높은 가격을 의미합니다. 이 예시에서 최저가는 81,000원, 최고가는 82,800원입니다.

| 그림 8-1 | 하루의 주가 움직임을 봉으로 표현하기

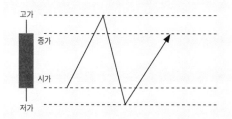

주가의 움직임은 다양하게 표현할 수 있는데, 이를 하나의 막대로 표현한 것이 봉차트입니다. 봉차트의 장점은 주가의 4가지 움직임, 즉 시가, 종가, 최저가, 최고가를 모두 표현할 수 있다는 것입니다. 시가보다 종가가 높게 끝났다면 막대를 빨간색으로 표시하고 이를 양봉이라고 부릅니다. 시가보다 종가가 낮게 끝났다면 막대를 파란색으로 표시하고 이를 음봉이라고 부릅니다.

봉차트는 일정기간의 주가 움직임을 하나의 차트로 표현한 것입니다. 수가의 움직임은 다양하기 때문에 봉차트의 모양도 여러 가지가 나올 수 있지만 봉차트를 그리는 원리를 생각한다면 그것을 해석하는 것은 그리 어렵지 않습니다.

🌐 여기서 잠깐

봉차트는 어떻게 생겨났나요?

봉차트를 처음 사용한 사람은 1700년대 일본 사케다 지역의 혼마 무네히사라는 인물로 알려져 있습니다. 쌀 거래를 통해 큰 부를 쌓으며 자신의 거래비법을 적은 〈혼마 무네히사 비록〉이 후대에 알려지며 봉차트를 통한 분석이 각광을 받기 시작했습니다. 서양인들은 이 봉차트의 모양이 양초를 닮았다고 해서 '캔들차트'라 부르기도 합니다.

① 색깔

봉차트를 볼 때 가장 먼저 봐야 하는 것은 바로 색깔입니다. 빨간색은 양봉, 파란색은 음봉을 의미한다고 했습니다. 그날의 주가 움직임이 빨간색이었다는 말은 시작했을 때의 가격보다 끝날 때의 가격이 높다는 뜻입니다. 이는 결국 그날 주식을 사려고자 했던 사람들이 팔고자 했던 사람들보다 많았다고 해석할 수 있습니다. 매수하려는 투자자가 매도하려는 투자자보다 많았다는 뜻이죠. 반면에 주가가 파란색, 음봉으로 끝났다는 말은 주식을 팔고자 했던 사람들이 사고자 했던 사람들보다 많았다는 이야기입니다.

| 그림 8-2 | 봉차트(캔들차트)의 양봉과 음봉

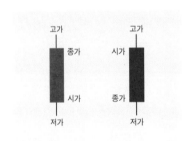

② 길이

봉차트를 볼 때 봐야 하는 두 번째는 몸통의 길이입니다. 몸통이란 시가부터 종가 사이, 봉차트의 직사각형 부분을 의미합니다. 몸통의 길이가 길었다는 건 양봉에서는 시초가보다 주식이 많이 상승하여 종가가 높게 마무리되었다는 뜻입니다. 반면 음봉에서 몸통의 길이가 길었다면 시초가보다 주식이 많이 하락하여 종가가 낮게 마무리되었다는 뜻입니다.

몸통의 길이가 긴 양봉을 장대양봉, 몸통의 길이가 긴 음봉을 장대음봉이라고 부릅니다. 어떤 주식의 거래량이 평소보다 많아지면서 장대양봉의 모습을 보였다면 이는 이 주식을 사려고 하는 사람들이 크게 증가했다고 해석할 수 있습니다. 매수하고자 하는 사람들이 증가했다는 건 주가에 어떤 호재가 있다고 판단할 수 있습니다. 그래서 장대양봉이 출현하면 주가가 이후에 상승할 것으로 예측하는 중요한 신호로 해석할 수 있습니다. 반면에 장대음봉이 나왔다면 어떤 이유에서든 간에 투자자들이 해당 종목을 팔려 한다고 해석할 수 있습니다. 이러한 장대음봉은 이후의 주가하락을 예측하는 중요한 신호로 해석합니다.

| 그림 8-3 | 장대양봉 예시

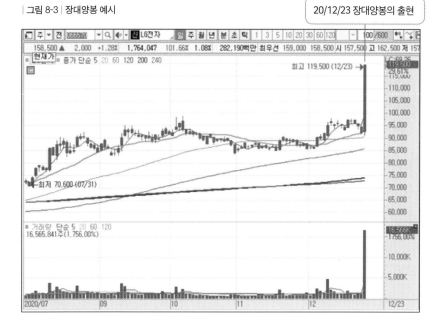

| 그림 8-4 | 장대양봉 이후 모습 예시

③ 꼬리

봉차트에서 봐야 할 세 번째는 꼬리입니다. 몸통이 시가와 종가 사이의 막대를 뜻한다면, 꼬리는 몸통에서 저가까지 혹은 몸통에서 고가까지를 표시한 선입니다. 꼬리는 몸통부터 고가까지의 움직임을 나타내는 위꼬리와 몸통부터 저가까지의 움직임을 표현한 아래꼬리가 존재합니다. 물론 시초가가 가장 낮고, 그 이후로 한 번도 시초가보다 낮은 가격으로 거래되지 않았다면 이날 주가의 모습은 아래꼬리가 없는 봉차트가 됩니다. 반대로 시초가가 가장 높은 가격에 거래되고 이후에 한 번도 시초가 보다 높은 가격으로 거래되지 않고 마감이 되었다면 이날 주가의 모습은 위꼬리가 없는 봉차트가 되겠죠. 즉, 꼬리는 주가의 움직임에 따라서 그려질 수도 있고 없을 수도 있습니다.

봉차트의 위, 아래꼬리가 길다면 이
는 주가가 위와 아래로 크게 변동했다
는 뜻이 됩니다. 특정 기간 동안 주가
가 위로도 많이 움직이고, 아래로도 많
이 움직였다면 이는 해당 종목을 매수
하려는 사람들과 매도하려는 사람들이

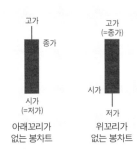

〈그림 8-5〉 꼬리가 없는 봉차트 모습

팽팽하게 맞섰다고 생각해 볼 수 있습니다. 해당 종목을 사려는 사람들이
주가를 높게 상승시켰지만, 팔고자 하는 매도자들이 주식을 매도함으로

| 그림 8-6 | 아래꼬리 예시

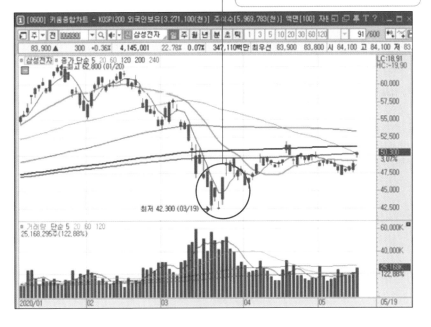

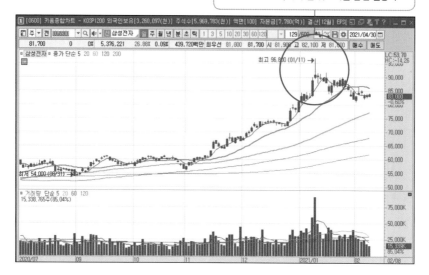

| 그림 8-7 | 위꼬리 예시

1/11일 장중 최고가 96,800원을 기록했지만 강한 매도세가 지속되며 긴 위꼬리를 남긴 일봉차트

써 주가가 하락하여 위꼬리를 만든 거죠. 또 매도자들이 많아 주가가 하락했지만, 주가가 하락하자 저점이라 판단하는 매수자들이 등장하면서 다시 주가가 상승하며 아래꼬리를 만들었다고 해석할 수 있습니다.

봉차트에서 아래꼬리가 길게 나타나면 이후 주가의 상승을 예측하는 신호로 해석됩니다. 아래꼬리가 길었다는 건 주가가 하락했을 때 이를 저점으로 본 매수자들이 주식을 매수했다고 볼 수 있기 때문입니다. 반대로 봉차트에서 위꼬리가 길게 나타났다면 이는 주가가 고점일 때 주식을 보유한 투자자들이 강하게 주식을 팔았다고 볼 수 있습니다. 따라서 위꼬리가 길게 나타났다면 해당 가격 부근에서 매도하고자 하는 투자자들이 많다고 해석할 수 있습니다.

④ 갭(GAP)

봉차트에서 봐야 할 네 번째는 갭(GAP)입니다. 연속된 봉차트를 해석할 때는 갭의 존재와 천장권, 바닥권에서 꼬리의 출현을 주의 깊게 봐야 합니다. 먼저 갭이란 봉차트에서 주가의 움직임이 이어지지 않고 틈이 발생하는 상황을 말합니다. 상승갭이라면 전일 종가대비 주가가 시초가부터 종가까지 더 높게 상승하는 상황을, 하락갭이라면 전일 종가대비 주가가 시초가부터 종가까지 더 하락하는 상황을 의미합니다.

상승갭은 종목에 강력한 매수 주체가 있거나 호재가 있는 상황을, 하락갭은 종목에 강력한 매도 주체가 있거나 악재가 있는 상황이라고 해석할 수 있습니다. 다만 꼬리도 주가가 상승하여 주가가 고점인 상황에서 나오는 꼬리와, 주가가 하락하여 바닥에서 나오는 꼬리가 다른 의미였던 것처럼, 갭 역시 천장권에서 출현한 갭이냐 바닥권에서의 갭이냐에 따라 의미가 달라질 수 있습니다.

천장권이란 주가가 최고점 혹은 그 부근에 위치한 상태를 말합니다. 바닥권이란 반대로 주가가 최저점 혹은 그 부근에 위치한 상태를 말하죠. 따라서 주가가 천장권인지 바닥권인지는 주가차트를 길게 놓고 조회하면

| 그림 8-8 | 바닥권과 천장권 예시

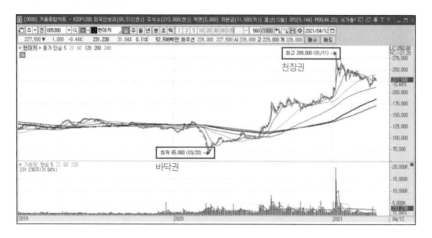

파악하기 쉽습니다. 〈그림 8-8〉은 바닥권과 천장권 예시입니다.

　2년 반 동안의 차트를 기준으로 2020년 3월의 65,000원은 주가의 바닥권, 2021년 1월의 289,000원은 주가의 천장권임을 알 수 있습니다. 상승갭은 일반적으로 강력한 호재의 출현으로 해석하지만 주가가 단기간에 크게 상승한 종목이 시초가에 큰 갭상승으로 시작한다면 이는 고점에서 해당 종목의 추가상승을 노리고 추격매수를 하는 투자자들에게 물량을 떠넘기기 위한 의도적인 갭상승은 아닌지 의심해야 봐야 합니다. 반대로 하락갭은 일반적으로 강력한 악재의 출현으로 해석할 수 있지만 주가가 하락하는 추세에서 큰 갭하락이 나오면서 해당 종목을 보유한 주주들이 공포에 휩쌓여 주식을 매도할 때 누군가는 그 기회를 틈타 매수의 기회로 활용하는 것은 아닌지 의심해 봐야 합니다.

　증시 격언 중에 "갭은 언젠가 메워지게 된다"는 말이 있습니다. 강한 매수세 혹은 매도세로 인해 갭이 발생해서 주가가 단기간에 상승 혹은 하락을 보이지만 언젠가 주가가 그 틈을 다시 메운다는 의미입니다. 강력한 갭상승, 갭하락이 발생하는 종목을 개인투자자들이 특히 조심해야 하는 이유입니다.

〈그림 8-9〉를 보면 6/3 전일종가 대비 +3.4% 오르며 갭상승으로 시작한 것을 확인할 수 있습니다. 이후 상승하는 것처럼 보이던 주가는 2주가채 되지 않은 6/12 금요일 상승갭을 다 메우며 주가는 제자리로 돌아왔습니다. 이후 한 달가량 큰 등락을 보이지 않던 주가는 7/15일 +3% 갭상승하며 시작하여 긴 장대양봉을 보였습니다. 갭상승과 장대양봉을 기록한 뒤 주가가 크게 상승한 것을 확인할 수 있습니다.

| 그림 8-9 | 갭상승 예시

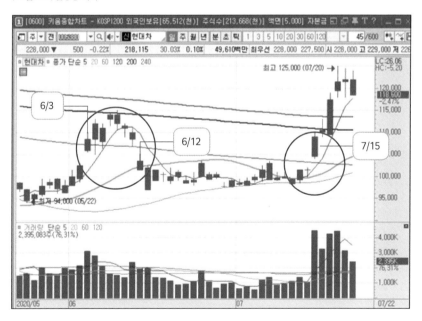

이동평균선을 통한
추세 파악하기

추세, 배열, 지지선과 저항선

차트를 보는 이유는 추세를 파악하기 위함이라고 해도 과함이 없을 정도로 기술적 분석에서 추세를 파악하는 일은 중요합니다. 추세란 무엇일까요? 물리학의 제1법칙은 바로 관성의 법칙입니다. 관성의 법칙은 외부에서 힘이 가해지지 않는 한 물체는 원래 움직이는 방향으로 일정한 속도로 움직이는 현상을 말하죠.

주식에도 관성의 법칙처럼 주식가격이 과거에 움직였던 방향(상승 혹은 하락)으로 계속해서 움직이려는 힘이 있습니다. 즉, 상승추세라면 과거부터 현재까지 주가가 상승해 왔기 때문에 앞으로도 상승하리라 예측하고, 하락추세라면 과거부터 현재까지 주가가 하락했기 때문에 앞으로도 주가가 하락할 가능성이 높다고 보는 것이죠.

① 추세

추세는 어떻게 파악할까요? 추세를 분석하는 대표적인 방법은 주가의 이동평균선을 보는 것입니다. 주가의 이동평균선이란 일정기간의 주가를 산술평균한 값을 차례로 연결한 선입니다.

주식시장에서 가장 많이 사용하는 이동평균선은 5일, 20일, 60일, 120일, 200일 이동평균선입니다. 5일 이동평균선이란 5일 동안의 주가를 산술평균한 값을 이어서 만든 선입니다. 아래의 표는 2021년 3월 31일부터 4월 9일까지 8거래일 동안의 종가를 나타낸 표입니다.

5일 이동평균선을 그리기 위해서는 오늘을 포함하여 총 5거래일의 종가가 필요합니다. 따라서 아래 표를 이용하여 5일 이동평균선을 그린다면 4월 6일부터 차트가 그려집니다. 이렇게 가장 최근 5영업일의 주가를 산술평균하여 이 값들을 선으로 연결한 선이 바로 5일 이동평균선이 됩니다. 〈그림 8-10〉은 최근 주가와 5일 이동평균선만 표시한 일봉차트입

2021.3.31 ~ 2021.4.9. 종가를 이용한 5일 이동평균값 구하기

날짜	주식 종가	5일 이동평균값
2021-03-31	81,400	
2021-04-01	82,900	
2021-04-02	84,800	
2021-04-05	85,400	
2021-04-06	86,000	84,100
2021-04-07	85,600	84,940
2021-04-08	84,700	85,300
2021-04-09	83,600	85,060

| 그림 8-10 | 5일 이동평균선과 일봉차트

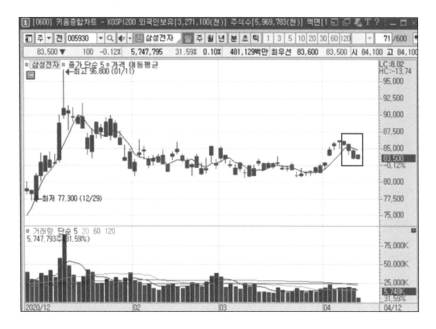

니다. 오른쪽 박스를 보면 앞의 표에 나온 계산처럼 5일 이동평균선 값이 85,300원에서 85,060원으로 살짝 아래로 내려온 것을 확인할 수 있습니다.

주식시장에서는 5일, 20일, 60일, 120일, 200일의 이동평균선을 사용하는데 5일은 1주일, 20일은 1개월, 60일은 3개월, 120일은 6개월, 200일은 1년의 주가 움직임이기 때문입니다. 즉 5일 이동평균선이란 1주일의 평균값, 20일 이동평균선은 한 달의 평균값을 나타내는 것이죠. 다만 1년의 주가 움직임을 볼 때는 200일의 이동평균선을 쓰는 투자자도 있고, 240일의 이동평균선을 쓰는 투자자도 있습니다.

이동평균선은 추세를 보는 가장 대표적인 방법이라고 설명했습니다.

따라서 이동평균하는 값의 수가 작은 5일 이동평균선과 20일 이동평균선은 단기적인 추세를 파악하는 데 주로 쓰입니다. 같은 의미에서 60일선과 120일선은 주가의 중기적인 추세를, 200일선과 240일선은 주가의 장기적인 추세를 파악하는 데 사용됩니다.

〈그림 8-11〉은 2020년 2월 18일부터 2021년 2월 19일까지의 주가, 이동평균선, 그리고 거래량을 나타낸 차트입니다. 주가의 봉차트에 거의 붙어 있어 차트에서는 잘 보이지 않는 빨간색 선이 5일 이동평균선, 노란색 선이 20일 이동평균선, 녹색 선이 60일 이동평균선, 분홍색 선이 120일 이동평균선, 파란색 선이 200일 이동평균선, 짙은 녹색 선이 240일 이동평균선입니다.

5일 이동평균선과 20일 이동평균선은 단기적인 추세를 나타낸다고 설명했습니다. 〈그림 8-11〉에서 주가는 2021년 1월 11일 96,800원으로 최

| 그림 8-11 | 이동평균선과 일봉차트 (2020.2.18~2021.2.19)

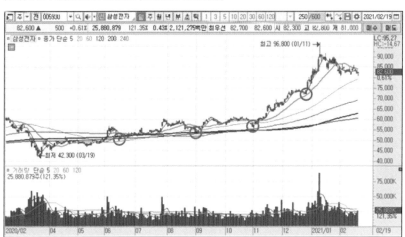

고점을 찍은 이후에 단기적으로 하락하면서 빨간색인 5일 이동평균선과 노란색인 20일 이동평균선은 위에서 아래로 내려 오는 모습을 보입니다. 즉, 주가는 단기적으로는 하향추세라고 볼 수 있습니다.

반면 중기와 장기의 추세를 나타내는 60일, 120일, 200일, 240일 이동평균선은 어떤 모습인가요? 아래에서 위로 올라가는 모습을 보이고 있죠? 따라서 중장기추세는 위로 상승하는 추세를 보인다고 파악할 수 있겠네요. 이렇게 이동평균선을 통해 주가의 단기, 중기, 장기의 추세를 파악할 수 있습니다.

② 배열

추세와 함께 이동평균선을 볼 때 주목해야 하는 것은 바로 이동평균선의 배열입니다. 배열이란 각각의 이동평균선의 위치를 말합니다. 상승추세에서는 기간이 짧은 이동평균선일수록 위에, 기간이 긴 이동평균선일수록 아래에 위치합니다. 이렇게 이동평균선의 기간이 짧은 순서대로 5, 20, 60, 120, 200선이 배열된 상태를 정배열이라고 말합니다. 이와 반대로 이동평균선이 기간이 긴 순서대로 200, 120, 60, 20, 5선이 배열되어 있다면 차트가 역배열되었다고 말합니다. 정배열이 되었다는 뜻은 주가의 최근 5일, 혹은 20일의 평균치가 60일, 120일, 200일의 평균치보다 높다는 뜻입니다. 최근의 주가 흐름이 좋았다는 이야기겠지요. 가치를 반영하는 모든 정보가 주가에 반영되었다고 가정한다면, 기업이 좋아지고 있다고 평가할 수 있겠네요.

반대로 차트가 역배열되었다면 5일 혹은 20일의 주가평균이 60일, 120

| 그림 8-12 | 이동평균선 정배열 차트 예시

이동평균선의 기간이 짧은 5일선부터 기간이 긴 200일선까지 정배열된 모습

| 그림 8-13 | 이동평균선 역배열 차트 예시

5일 이동평균선이 가장 아래에, 240일 이동평균선이 가장 위에 위치한 역배열된 모습

일, 200일의 평균치보다 낮다는 뜻입니다. 결국 최근의 주가가 약세흐름을 보이고 있는 상황이고, 이는 기업이 이전보다 투자자들의 관심을 덜 받거나, 안 좋아졌다고 해석할 수 있습니다.

③ 지지선과 저항선

이동평균선을 볼 때 또 하나 알아야 하는 중요한 개념은 바로 지지선과 저항선입니다. 지지선이란 상승추세에 있는 주가차트에서 저점을 연결한 선을 말합니다. 지지선은 상승추세에 있는 주가차트에서 저점을 연결해 그립니다.

| 그림 8-14 | 일봉차트에서 지지선 그리기

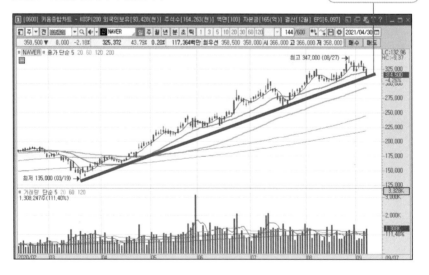

상승 추세에서 저점을 연결한 지지선

| 그림 8-15 | 이동평균선과 일봉차트

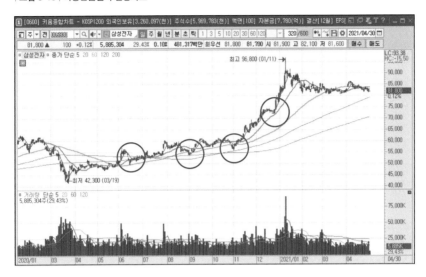

| 그림 8-16 | 일봉차트에서 저항선 그리기

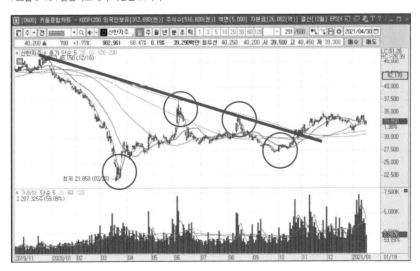

주가가 상승추세에 있다 단기적으로 하락하는 경우 이 주식을 사려는 사람들이 많아지면서 주가하락이 멈추고 주가가 반등하는 곳이 지지선이 됩니다. 이동평균선을 설명할 때 참고했던 〈그림 8-15〉를 다시 한 번 볼게요. 이번에는 빨간색으로 표시한 부분에 주목해서 살펴보겠습니다.

3월 19일을 최저점으로 하여 주가가 장기적으로 상승하는 모습을 보이는데 4개의 지점에서 단기적으로 하락하지만, 이동평균선 위에서 하락을 멈추고 다시 상승하는 모습을 확인할 수 있습니다. 첫 번째인 6월 중순의 하락은 240일 이동평균선에서 지지를 받는 모습을, 두 번째인 8월 말~9월 초의 하락 역시 240일 선에서 지지를 받으며[*] 반등했습니다. 세 번째인 10월 말 하락은 녹색 선인 120일선에서 지지를 받는 모습을, 네 번째인 12월 말에는 파란색 선인 20일선에서 지지를 받았습니다.

● 짚어보기 하락추세에 있던 주가가 특정 가격에서 더 이상 하락하지 않고 반등할 때 사용합니다. 반대로 주가가 저항을 받는다는 것은 상승하던 주가가 더 이상 오르지 못하고 하락할 때 사용합니다.

지지선의 반대개념인 저항선은 주가 그래프에서 고점을 연결한 직선을 말합니다. 저항선은 하락추세에 있는 주가차트에서 고점을 연결해 그립니다. 〈그림 8-16〉의 차트에서 파란색으로 연결된 저항선을 보겠습니다. 2019년 12월의 고점과 2020년 6월, 8월의 고점을 연결하면 〈그림 8-16〉과 같은 저항선을 그릴 수 있습니다.

〈그림 8-17〉은 주가가 저항선을 따라 하락하다가 바닥권에서 저항선을 뚫으며 상승하는 예입니다.

2017년 7월 17일 최고가 67,800원을 기록한 뒤 2020년 3월 23일 15,050원으로 최저점을 기록할 때까지의 주가를 보면 하늘색으로 고점을 연결

| 그림 8-17 | 주봉 차트 (2017.1~2021.2)

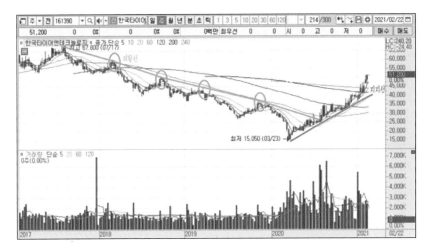

한 저항선과 저항선에 닿을 때마다 주가가 저항선을 돌파하지 못하고 다시 하락하는 모습을 확인할 수 있습니다. 이처럼 하락추세에서는 고점을 연결한 저항선이 주가의 상승을 막는 모습을 확인할 수 있습니다.

지속적으로 하락하던 주가는 3월 23일 15,050원 최저점을 찍은 후 상승추세로 전환된 것을 확인할 수 있습니다. 저항선이었던 하늘색 선과 시시선인 주황색 선이 교차하는 2020년 8월에는 거래량이 대량으로 증가하면서 결국 큰 저항선을 뚫고 이후에 더 큰 상승을 이어가는 모습까지 확인할 수 있습니다.

지금까지 이동평균선을 통해 추세를 파악하는 법, 그리고 상승추세에서 저점을 연결하는 지지선과 하락추세에서 고점을 연결한 저항선에 대해 알아보았습니다. 추세를 파악하고 지지선과 저항선을 그리는 것은 앞으로의 주가를 예측해 볼 수 있다는 점에서 중요합니다.

차트를 분석할 때 또 중요하게 살펴봐야 하는 것이 바로 거래량입니다. 거래량을 동반하지 않은 주가차트는 거짓된 신호라고 말할 수 있을 정도로 차트분석에 있어 거래량은 매우 중요합니다. 다음 장에서는 차트분석의 핵심요소 거래량에 대해 알아 보도록 하겠습니다.

가격만큼 중요한
거래지표

거래량과 거래금액

거래량이란 말 그대로 주식이 거래된 수량을 뜻합니다. 거래량이 많다는 건 그만큼 다수의 투자자 혹은 투자금액이 큰 투자자들이 해당 가격에 대해 주가상승에 무게를 두는지 혹은 하락에 무게를 두는지를 판단하는 기준이 되기 때문에 중요합니다.

예를 하나 들어 볼게요. 평소 100,000원에 거래되던 A라는 주식이 있습니다. A주식은 하루에 100만 주가량 거래되는 것이 일반적이었습니다. 그런데 하루는 A주식의 거래량이 극히 줄어들면서 50,000원에 10주만 거래되었다고 가정해 볼게요. 현실에서는 하루에 가격이 50% 하락할 수 없기 때문에 (앞에서 우리나라의 상하한가는 종가기준 30% 내에서 움직인다고 배웠습니다.) 불가능한 일이지만 극단적인 예를 들어 보았습니다. 이날은 A주식이 50,000원에 10주 거래되었으니 이 주식의 가치는 1주당 50,000원이라고 보는 게 타당할까요? 아니면 평소에는 100만 주씩 거래되던 주식이라는 점을 고려하여 50,000원에 10주가 거래된 건 특수한 거래라고 생각하고 이 주식의 가치를 여전히 100,000원으로 보는 것이 합리적일까요?

주식의 가격이 상승하거나 하락할 때 거래량이 중요한 이유는 얼마나 많은 투자자 혹은 큰 금액을 투자하는 소수의 투자자가 그 가격을 인정하고 해당 가격에 주식을 매수하거나 매도한다고 해석할 수 있기 때문입니다. 예시에서 평소 100만 명이 A주식을 100,000원에 거래했다면 A주식이 100,000원의 가치를 지녔다고 생각하는 투자자가 100만 명인 셈이죠. 반대로 A주식을 50,000원에 10명이 거래했다면, A주식이 50,000원의 가치라고 생각하는 투자자는 10명인 셈입니다. 두 경우 중에 어떤 가격이 좀 더 중요한 정보를 지니고 있을까요? 당연히 더 많은 사람이 거래한 100,000원이란 가격과 100만 명의 거래가 중요한 의미를 가집니다.

① 거래량

거래량이 많다는 것은 팔고자 하는 사람과 사고자 하는 사람이 매우 치열하게 싸운다고도 해석할 수 있습니다. 대량으로 거래가 일어난다는 것은 그만큼 해당 주식을 파는 사람도 많고 같은 가격에 사는 사람도 많다는 뜻이니까요. 따라서 대량으로 거래가 일어난 뒤에는 주가가 한쪽 방향으로 추세를 잡을 가능성이 커집니다.

한 종목을 기준으로 해당 종목을 사려는 사람을 매수세력, 해당 종목을 팔려는 사람을 매도세력이라고 해 볼게요. 매수세력이 매도세력보다 강했다면 이후 주가는 상승할 가능성이 크죠. 반대로 거래량을 크게 동반하며 주가가 하락했다면, 이는 매도세력이 매수세력보다 강했다는 의미이고 이후의 주가는 하락으로 방향을 잡을 가능성이 큽니다.

이를 앞에서 배운 장대양봉과 장대음봉에 접목시키면 이렇게 해석할 수 있습니다. 거래량을 대량으로 동반한 장대양봉의 경우, 매수세력이 매도세력을 압도한 상황입니다. 따라서 이후의 주가는 상승추세를 탈 확률이 높죠. 반대로 거래량을 동반한 장대음봉이 나왔다면 이는 매도세력이 매수세력을 압도한 상황입니다. 따라서 이후의 주가흐름이 좋지 못할 확률이 높은 것이죠.

그렇다면 거래량은 어느 정도가 많고, 어느 정도면 적다고 판단해야 할까요? 이는 종목마다 다릅니다. 따라서 거래량 그래프도 주가의 움직임을 보듯이 종목마다 체크하는 것이 필요합니다. 거래량이 많다는 건 평소에 해당 종목의 거래량보다 높다는 것을, 거래량이 적다는 건 평소 해당 종목의 거래량보다 낮다는 것을 의미합니다. 거래량 또한 주가처럼 차트에 막대그래프로 표시됩니다.

② 거래금액

단순히 거래량만 보기보다는 거래금액을 함께 보는 것이 유용합니다. 앞에서 주가와 시가총액을 공부할 때를 떠올리면 이해하기 쉬울 거예요. 두 기업을 비교할 때 단순히 주가를 비교하는 것이 아니라 시가총액을 비교해야 했던 것처럼, 거래량 역시 주가가 싼 종목은 당연히 거래량이 높기 때문에, 두 종목의 거래량을 비교할 때는 거래금액으로 비교하는 것이 더 정확한 비교입니다.

이동평균선을 배울 때 사용했던 일봉차트를 다시 살펴볼게요. 주식차트는 수없이 많지만 같은 차트를 사용하는 이유는 하나의 차트 안에서 기본적으로 살펴봐야 하는 여러 가지 내용이 있음을 강조하기 위함입니다. 이번에는 위쪽의 봉차트가 아니라 아래쪽에 있는 거래량 부분에 집중해서 차트를 살펴보겠습니다.

첫 번째로 주목할 부분은 2020년 3월입니다. 2020년 3월 19일 주가가 42,300원으로 최저점을 기록하는 부근에서 이전보다 거래량이 증가하는 모습을 확인할 수 있습니다. 주가가 저점을 기록하는 부근에서 거래량이 평소 대비 크게 증가했다면, 이는 주가가 변곡점*에 가까워졌을 확률이 높다는 뜻입니다. 앞의 예시에서도 저점에서 거래량이 증가하면서 이후 상승추세로 돌아서는 모습을 볼 수 있었습니다.

◈ 짚어보기 굴곡의 바람이 바뀌는 자리를 나타내는 곡선 위의 점을 말합니다.

| 그림 8-18 | 일봉 및 거래량 차트 (2020.2.18~2021.2.19)

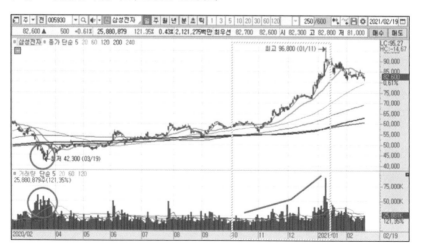

두 번째로 2020년 10월부터 2021년 1월 초까지 주목해서 그래프를 보겠습니다. 거래량 차트 위에 주황색 추세선을 보면 2020년 10월부터 거래량이 점차 상승하며 주가도 가파르게 상승하는 모습을 확인할 수 있습니다. 2021년 1월 11일 주가가 96,800원으로 최고점을 기록하는 부근에서 거래량이 크게 증가하였다가 이후 2월까지 주가가 하락하며 거래량도 감소하는 모습을 보입니다. 이렇게 거래량이 증가하고 주가가 상승했다가 거래량도 줄어들며 주가가 하락한다면 이 또한 주가가 변곡점에 가까워졌을 확률이 높다는 뜻입니다. 2021년 1월 11일 이후 주가는 거래량이 줄어들며 하락하는 모습을 보입니다.

결국 주가와 거래량의 관계를 정리하면 크게 4가지로 구분할 수 있습니다. 주가와 거래량이 모두 상승하는 단계, 주가는 상승하지만, 거래량은 감소하는 단계, 주가와 거래량이 모두 하락하는 단계, 주가는 하락하지만, 거래량은 상승하는 단계입니다. 이 중에서 주가는 상승하지만, 거래량이 감소한다면 주가가 고점에서 변곡점을 맞이하고 있는 것은 아닌지 의심해 봐야 합니다. 또한 주가는 하락하지만 거래량이 상승하고 있다면 이 또한 주가가 저점에서 변곡점을 맞이하는 것은 아닌지 잘 살펴볼 필요가 있습니다.

시가총액 상위종목 추세 판단하기

강한 상승추세 후 박스권

2020년 11월 2일 최저가인 56,000원을 기록한 뒤로 2021년 1월 중순까지 강한 상승추세를 보였습니다. 〈그림 8-19〉의 우상향하는 빨간색 화살표가 해당 기간 동안의 지지선입니다. 지지선은 상승추세에서 저점을 연결한 선이라고 했습니다.

| 그림 8-19 | 일봉차트분석 (2021.4.12. 기준)

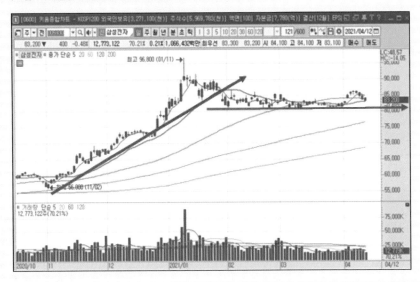

강하게 상승하던 주가는 2021년 1월 11일 장 중 96,000원을 최고가로 기록한 뒤 긴 위꼬리를 남겼습니다. 천장권에서 위꼬리가 강하게 남는다면 이는 하락전환의 신호로 해석할 수 있고, 실제로 주가는 1월 28일에 5일선이 20일선을 하향돌파하며 상승추세가 깨진 모습을 보였습니다. 이후 4월 12일까지 약 2개월 반 동안 주가는 80,000원 부근에서 지지를 받으며 횡보하는 모습을 보이고 있습니다.

상승추세 후 하락추세 전환

2020년 11월 2일 최저가 588,000원을 기록한 뒤 2021년 2월 초까지 상승추세를 이어갔습니다. 〈그림 8-20〉의 우상향하는 빨간색 화살표는 상승추세 속에서의 지지선을 나타냅니다. 2021년 1월 주가가 100만 원을 돌파할 때마다 강한 저항에 부딪히며 위꼬리를 다는 모습을 보입니다.

| 그림 8-20 | 일봉차트분석 (2021.4.12. 기준)

2월 초 재차 100만 원 돌파를 시도하던 주가는 2월 중순 5일선이 20일선을 하향돌파하며 상승추세가 꺾였고, 이후 4월 12일까지 하락추세에 접어든 모습입니다. 〈그림 8-20〉의 우하향하는 파란색 화살표가 저항선으로 하향추세에 있는 주가의 상승을 제한하는 모습이 보입니다.

상승추세의 지속

5일선이 20일선까지 하락하거나 잠시 하회하는 모습이 중간중간 보이지만 4월 12일 기준으로는 가장 짧은 기간의 5일선부터 가장 긴 기간의 200일선까지 정배열된 모습을 확인할 수 있습니다.

| 그림 8-21 | 일봉차트분석 (2021.4.12. 기준)

지속적인 상승추세 속에서 상승하는 기울기가 점점 가팔라지던 2021년 1월부터 2월 말까지의 상승 후 3월 초에는 주가가 하락하며 60일선을 잠시 만났지만, 60일선에서 긴 아래꼬리와 함께 매수세가 붙으면서 다시금 상승추세를 회복한 것을 확인할 수 있습니다.

상승추세와 하락추세의 삼각수렴

2020년 10월 말부터 완만한 기울기로 상승하던 주가는 2021년 1월 초 기록적인 거래량을 동반하며 주가가 크게 상승하였습니다. 2021년 1월 11일 장중 289,000원을 기록했지만 결국 긴 위꼬리를 남긴 이후에 주가가 단기적인 하락추세로 접어든 모습입니다.

| 그림 8-22 | 일봉차트분석 (2021.4.12. 기준)

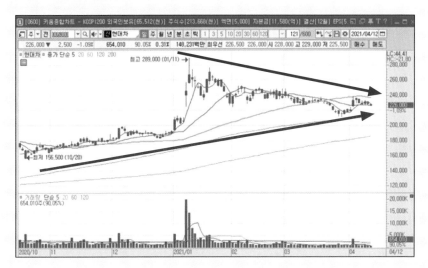

4월 12일에서는 장기 상승추세선과 단기 하락추세선이 수렴하는 모습을 보이고 있습니다. 5일선과 20일선이 60일선을 하회하고 있기 때문에 단기적으로는 하락추세에 있지만, 상승추세선과 하락추세선이 수렴하는 곳에서 다시금 상승 혹은 하락으로 방향을 정할 가능성이 높은 상태입니다.

9장

실전 투자 4 | 언제 사고팔지 판단을 도와주는 보조지표들

지금까지 기술적 분석을 위한 가장 중요하고도 기초적인 봉차트, 추세 그리고 거래량에 대해 배웠습니다. 이 3가지 요소를 통한 차트분석이 어느 정도 익숙해졌다면 차트분석을 보조적으로 도와줄 지표에 대해 알아 봅시다.

차트의 보조지표는 종류가 매우 다양합니다. 보조지표들이 많다는 사실부터가 그 어떤 보조지표도 주가의 미래를 100% 맞추지 못한다는 사실을 반증합니다. 그렇다면 수많은 보조지표 중에서 어떤 지표들을 참조하면 더 나은 투자판단을 내릴 수 있을까요? 이번 장에서는 투자자들이 많이 참조하는 4가지 보조지표를 설명하겠습니다.

이동평균선만으로는
아쉬울 때

추세지표 MACD

MACD는 Moving Average Convergence & Divergence의 약자입니다. 이동평균선의 수렴 및 확산이라는 뜻이죠. 이동평균선은 추세를 확인하는 좋은 방법이라고 했습니다. 과거부터 투자자들은 이동평균선을 이용해서 매매시점을 파악하고자 했고, 그 과정에서 개발된 것이 바로 이동평균선의 골든크로스와 데드크로스입니다.

　이동평균선의 골든크로스란 단기 이동평균선이 중장기 이동평균선을 상향 돌파할 때를 말합니다. 20일 이동평균선(단기)이 60일 이동평균선(중기)을 상향 돌파할 때가 가장 일반적으로 쓰이는 이동평균선의 골든크로스 지점입니다. 주식차트를 연구한 많은 투자자는 골든크로스가 발생할 때 주식을 사면 이후에 주가가 상승할 확률이 높다는 것을 알게 됐습니다. 〈그림 9-1〉을 보면 4월 말에서 5월 초 20일 이동평균선이 60일 이동평균선을 상향 돌파하는 골든크로스가 발생하고, 그 뒤에 주가가 크게 상승하

| 그림 9-1 | 이동평균선 골든크로스 예시

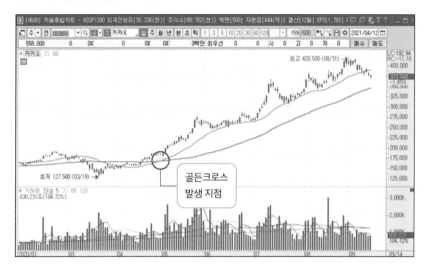

는 모습을 확인할 수 있습니다.

반대로 이동평균선의 데드크로스란 중장기 이동평균선이 단기 이동평균선을 하향 돌파할 때를 말합니다. 60일 이동평균선이 20일 이동평균선을 하향 돌파하면 주가가 하락추세에 접어들었다고 판단하는 것이죠. 〈그림 9-2〉를 보면 세 번의 데드크로스가 발생할 때마다 이후의 주가가 크게 하락하는 모습을 확인할 수 있습니다.

① 개념

이동평균선을 이용한 골든크로스와 데드크로스를 적용하면 주가의 상승추세와 하향추세를 예측해 주기는 하지만 이동평균선의 계산법 자체가 최근 주가가 있어야 하는 방식이다 보니 주가에 대한 예측이 조금 늦는다

| 그림 9-2 | 이동평균선의 데드크로스 예시

는 단점이 있습니다. 주식을 저점에서 사고, 고점에서 팔고 싶은데 이동
평균선의 골든크로스와 데드크로스는 주가의 움직임 대비 후행적으로 매
수, 매도신호를 주었던 것이죠.

　이러한 단점을 개선하기 위한 것이 바로 MACD입니다. MACD의 기본
전제는 '각 이동평균선은 수렴과 확산을 반복한다'입니다. 주가가 상승하
면 단기 이동평균선은 최근 주가를 많이 반영하여 평균값이 많이 오르는
반면, 장기 이동평균선은 천천히 상승합니다. 따라서 단기 이동평균선과
장기 이동평균선이 서로 멀어지게 되죠. 이러한 현상을 확산(Divergence)
이라고 표현합니다. 상승했던 주가가 다시 하락전환하게 되면 단기 이동
평균선이 내려오면서 장기 이동평균선과 가까워지게 되죠. 이러한 현상
을 수렴(Convergence)이라고 부릅니다.

② 활용

9일 동안의 MACD 값 이동평균선을 시그널(Signal) 곡선이라고 합니다. MACD 곡선에서 기준선은 0입니다. 시그널 선이 0보다 위에 있다면 주가가 상승기에 있다고 판단하고, 시그널 선이 0보다 아래에 있다면 주가가 하락기에 있다고 판단합니다. 또한 MACD선이 시그널 곡선을 상향 돌파하면 이를 골든크로스로 보고 매수의 신호로, MACD선이 시그널 선을 하향 돌파하면 이를 데드크로스로 보고 매도의 신호로 해석합니다.

> MACD 곡선 = 12일 이동평균선(단기) - 26일 이동평균선(장기)
> 시그널 곡선 = 9일 동안의 MACD 값 이동평균

MACD의 골든크로스가 이동평균선의 골든크로스보다 정말 더 빨리 신호를 보내주는지 〈그림 9-3〉을 통해 살펴보겠습니다. 〈그림 9-3〉에서 이동평균선의 골든크로스는 5월 초에 나타나는 반면, MACD의 골든크로스는 4월 초에 나타나는 것을 확인할 수 있습니다.

차트분석은 개별기업뿐만 아니라 주가지수를 분석할 때도 적용할 수 있습니다. 〈그림 9-4〉는 코스피지수에 이동평균선과 MACD지표를 추가한 차트입니다. MACD의 골든크로스와 데드크로스가 이동평균선의 골든크로스, 데드크로스보다 한 발 앞서서 나타나는 것을 확인할 수 있습니다. 2020년 3월 중순 골든크로스가 발생한 뒤로 코스피지수가 크게 반등하는 것을 확인할 수 있습니다.

| 그림 9-3 | MACD의 골든크로스 예시

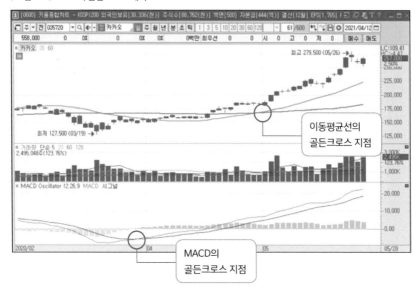

| 그림 9-4 | 코스피지수의 이동평균선과 MACD

시장의 공포와 탐욕을
파악하고 싶을 때

모멘텀지표 RSI

RSI란 Relative Strength Index의 약자로 상대강도지표라는 뜻입니다. RSI 지표는 일정기간 동안 주가가 전일 대비 상승한 변화량과 하락한 변화량의 평균값을 구하여 상승한 변화량의 평균값을 하락한 변화량의 평균값으로 나눈 것입니다.

RS = 전일 대비 상승한 변화량의 평균값 / 전일 대비 하락한 변화량의 평균값

🌐 여기서 잠깐

RSI지표는 항상 일정한가요?

RSI지표는 측정하는 기간을 얼마로 정하는지에 따라서 값이 달라질 수 있는데요. 이 지표를 개발한 미국의 웰레스 와일더는 14일을 사용할 것을 권유했다고 알려져 있어 주로 14일의 동안의 값을 계산하는 RSI 14가 널리 사용됩니다.

① 개념

RSI지표는 50을 중간값으로 사용합니다. 50보다 숫자가 커진다면 매수의 힘이 매도의 힘보다 센 상황을, 50보다 숫자가 작아진다면 그 반대의 상황임을 나타냅니다. RSI지표가 70을 넘어가면 매수가 매도를 압도하는 초과매수 상황, RSI지표가 30보다 낮아지면 매도가 너무 강한 초과매도 상황이라고 해석합니다. 투자 격언 중에 '공포에 사서 탐욕에 팔아라'라는 말이 있습니다. RSI지표로 대입해 보면 'RSI지표가 30 이하일 때 사서, 70을 넘어가면 팔라'는 의미로 해석해 볼 수 있죠.

실제 차트를 보면서 RSI지표에 대해 조금 더 알아볼게요. 〈그림 9-5〉는 2020년 3월 5일부터 2021년 2월 22일까지의 코스피 일봉차트와 RSI지표를 나타난 그래프입니다.

| 그림 9-5 | 일봉차트와 RSI (2020.3.5~2021.2.22)

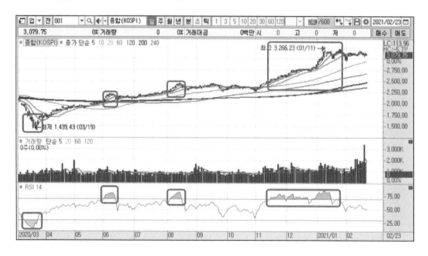

〈그림 9-5〉에는 총 8개의 박스가 있는데 지수의 박스와 RSI의 박스를 하나라고 보겠습니다. 좌측부터 하나씩 살펴볼게요.

　　가장 왼쪽에는 2020년 3월 11일부터 3월 23일까지 코스피지수의 RSI가 30 밑으로 지속된 상황을 볼 수 있습니다. 코스피지수는 3월 11일 1,908 포인트, 3월 23일에는 1,482포인트를 기록했고 종가기준 최저점은 3월 19일 1,457포인트였습니다.

　　두 번째는 6월 2일부터 11일까지 RSI가 70을 넘는 상황이 지속되었고, 주가지수 역시 해당 기간에 단기적 고점을 기록한 뒤 약 두 달 동안 횡보하는 모습을 보입니다.

　　세 번째는 8월 초 RSI 70을 넘기는 상황이 발생했고 RSI가 80을 넘기던 8월 12일을 단기적 고점으로 하여 주가가 하락한 뒤, 그 뒤로 코스피지수는 11월 초까지 약 3개월 동안 2,400포인트에서 고점을, 2,200포인트에서 저점을 보이며 박스권이 형성됐습니다.

　　마지막에선 2020년 11월 16일 RSI 70을 넘으면서 시작되어 2021년 1월 15일까지 RSI가 계속해서 과매수영역인 상황이 지속되었습니다. 주가지수 역시 11월 16일 2,543포인트를 종가로 상승하기 시작해서 2021년 1월 11일 장중기준 코스피 3,266포인트까지 약 두 달간 큰 상승을 보였습니다.

② 활용

RSI지표의 유의점은 다음과 같습니다. 먼저 RSI가 과매수를 의미하는 값 70, 혹은 과매도를 의미하는 값 30을 기록했다고 해서 그때가 곧바로 최고 점 혹은 최저점은 아니라는 것입니다. 2020년 3월의 경우 RSI 30을 처음 하향 돌파한 것은 3월 11일이었지만 코스피지수는 3월 19일 RSI 12에서 최저치 1,457포인트를 기록했습니다. 반대로 2020년 11월 16일 RSI 70을 돌파했지만 지수의 장중 최고치는 거의 두 달 뒤인 2021년 1월 11일 3,266 포인트였습니다.

따라서 RSI가 70이 됐다고 바로 주가가 과열이라고 판단하여 보유한 주식을 매도했다면 이후에도 지속적으로 주가가 상승하는 모습을 지켜만 봐야 했을 겁니다. 또한 RSI가 30을 기록했다고 해서 바로 주식을 매수했 다면 이후 주가가 추가적으로 하락하는 상황을 견뎌야 했을 겁니다. RSI 는 상대적 강도를 나타내는 지표이기 때문에 고점과 저점의 정확한 시점 보다는 현재의 시장상황을 대략적으로 판단할 수 있다고 해석할 수 있습 니다. RSI는 주가가 지속적으로 상승하는 상승추세 국면보다는 주가가 상 승과 하락을 반복하는 횡보국면에서 주가 예측력이 더 뛰어납니다.

RSI의 단점을 보완하는 방법으로는 RSI가 70을 상향 돌파했다가 다시 70 밑으로 하향 돌파할 때 주식을 매도하는 방식과 RSI가 30을 하향 돌파 했다가 다시 30을 상향 돌파할 때 주식을 매수하는 방식이 있습니다. 실 제로 코스피 일봉차트에 이와 같은 방식을 적용하면 최저점, 최고점은 아 니더라도 꽤나 근접하게 코스피지수의 최저점과 최고점을 예측할 수 있 게 됩니다. 즉, 2020년 3월 24일 RSI가 30을 상향 돌파하는 시점을 매수시점, 2021년 1월 18일 RSI 70을 하향 돌파하는 시점을 매도시점으로 잡았다면 고점과 저점에 훨씬 더 근접하여 매매시점을 잡을 수 있었습니다.

앞에서 언급한 투자 격언 '공포에 사서 탐욕에 팔라'는 말은 시장투자자들이 겁에 질려 주식을 매도할 때 주식을 사고, 시장투자자들이 탐욕을 보이며 주식을 매수할 때 주식을 팔라는 말이죠. 이것이 어려운 이유는 다수의 투자자들과 반대로 행동해야 하기 때문입니다. 또한 시장이 언제 공포의 상황인지, 언제 탐욕의 상황인지 판단하기 어렵기 때문입니다. RSI지표를 활용하면 시장의 탐욕과 공포의 시점을 포착할 수 있습니다. 시장의 급락 혹은 급등 때 RSI지표를 잘 활용하면 이런 시장의 과열지점을 포착할 수 있지 않을까요?

주가의 변동 폭을
예측하고 싶을 때

변동성지표 볼린저밴드(Bollinger Band)

주가는 하루에도 등락을 반복하는 변동성이 강한 투자상품입니다. 주가의 변동성이 어떤 범위 안에서 이루어질지 예측할 수 있다면 주식을 사고파는 데 큰 도움을 받을 수 있지 않을까요?

볼린저밴드는 미국의 투자자 존 볼린저가 주가의 움직임이 일정한 통계범위 안(Bands)에서 움직인다는 전제하에 주가가 움직이는 변동성의 폭을 밴드로 표현한 것입니다. 볼린저가 만든 밴드라고 해서 볼린저밴드로 불리죠. 그는 평균값에서 플러스, 마이너스 2배의 표준편차 사이에 표준값이 들어올 확률이 95%라는 점에 착안하여 주가 역시 이동평균선을 중심으로 2배의 표준편차를 더한 상단밴드와 평균값에서 2배의 표준편차를 뺀 하단밴드 안에서 움직일 확률이 95%라는 점을 이용해 이 밴드를 만들었습니다.

① 개념

볼린저밴드는 평균값인 이동평균선과 평균값의 2배의 표준편차를 더한 상단밴드 그리고 평균값에서 2배의 표준편차를 뺀 하단밴드로 구성되어 있습니다. 그리고 주가가 이 밴드 안에서 움직일 확률이 95%라고 해석하죠.

볼린저밴드 평균값 = 20일 이동평균선

볼린저밴드 상단밴드 = 20일 이동평균선 + 20일 이동평균선의 표준편차 x 2배

볼린저 하단밴드 = 20일 이동평균선 - 20일 이동평균선의 표준편차 x 2배

〈그림 9-6〉에 나타난 볼린저밴드를 살펴볼게요. 봉차트 위에 빨간색, 보라색, 녹색 선이 볼린저밴드의 기준선들입니다. 빨간색 선이 상단밴드, 보락색 선이 평균값, 그리고 녹색 선이 하단밴드입니다.

| 그림 9-6 | 볼린저밴드 예시

빨간색 선은 상단밴드를, 보라색 선은 평균값을, 녹색 선은 하단밴드를 의미합니다.

볼린저밴드를 어떻게 해석하여 투자에 적용할 수 있을까요? 먼저 이 밴드를 개발했던 존 볼린저는 밀집구간과 폭이 넓어지는 확산구간에 주목해야 한다고 이야기했습니다. 볼린저밴드의 폭이 좁은 기간을 거치다가 폭이 넓어지는 확산구간에서 주가가 상단밴드를 상향 돌파한다면 주식을 사야 하고, 하향 돌파할 때는 주식을 팔아야 한다고 설명했습니다.

〈그림 9-7〉은 2020년 3월 5일부터 2021년 2월 23일까지의 일봉차트와 볼린저밴드를 표시한 그래프입니다. 〈그림 9-7〉을 보면 1년 동안 주가의 움직임은 빨간색 선인 볼린저밴드 상단과 파란색 선인 볼린저밴드 하단 사이에서 움직이고 있는 것을 볼 수 있습니다. 또한 2020년 3월 이후 10월 말까지 볼린저밴드의 폭이 좁았지만, 2020년 11월 중순부터 볼린저밴드의 폭이 넓어지고 주가가 밴드의 상단을 상향 돌파하면서 주가가 크게 상승한 것을 확인할 수 있습니다.

| 그림 9-7 | 일봉차트와 볼린저밴드 (2020.3.5~2021.2.23)

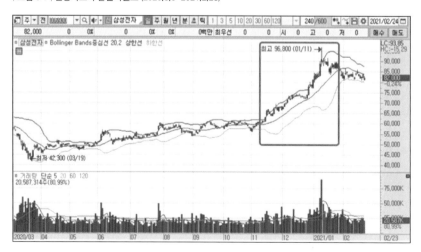

② 활용

주가가 볼린저밴드 상단을 돌파하는 것이 무조건 주가의 상승을 의미할까요? 꼭 그렇지는 않습니다. 〈그림 9-7〉에서도 2020년 6월 초와 7월 말 주가가 볼린저밴드 상단을 돌파하는 듯하였지만 이내 하락하며 다시 밴드의 폭이 좁은 상태로 유지되는 것을 확인할 수 있습니다. 볼린저밴드는 과매도 혹은 과매수를 판단하는 데도 활용할 수 있습니다. 〈그림 9-7〉에서 2021년 1월 11일을 살펴보면 주가가 장중에 볼린저밴드의 상단을 아주 많이 벗어났죠? 하지만 종가는 다시 상단선에 걸쳐 끝이 났고 이후에는 오히려 하락하는 모습을 보였습니다.

따라서 주가가 볼린저밴드 상단을 많이 벗어나 있을 때는 과매수영역이라 판단하고 해당 시점에서는 주식을 매수하지 않을 수 있습니다. 즉, 볼린저밴드를 활용하여 주식을 비싸게 사는 상황을 피할 수 있죠. 주식초보자에게 저점에 사고 고점에 파는 것만큼이나 중요한 매매기술은 주식을 고점에 사지 않는 것 아닐까요?

거래량으로 주가 변동의 비밀을 알고 싶을 때

거래량지표 OBV

마지막으로 살펴볼 보조지표는 거래량지표인 OBV입니다. OBV는 On Balance Volume의 약자로 거래량을 이용하여 주가의 움직임을 예측하는 데 도움을 주는 보조지표입니다. OBV는 미국의 투자자 조셉 그린빌이 거래량은 항상 주가에 선행한다는 것을 전제로 만든 지표입니다. 앞서 거래량이 가격지표만큼 중요하다고 설명했는데, 조셉 그린빌은 거래량이 중요할 뿐만 아니라 가격에 선행한다고 생각했습니다.

① 개념

OBV의 계산방식은 간단합니다.

주가가 상승한 날의 거래량에는 양의 부호를 부여한다.
주가가 하락한 날의 거래량에는 음의 부호를 부여한다.
거래량을 누적하여 더한다.

OBV는 주가의 추세를 파악하는 데 이용할 뿐만 아니라, 주가가 횡보하거나 고점구간 혹은 저점구간에 있을 때도 활용할 수 있습니다. 먼저 주가는 상승하고 있지만 OBV가 직전 고점수준보다 상승하지 못하고 횡보하거나 하락하고 있다면 이후에 주가가 하락할 가능성을 고려해야 합니다. 반대로 주가는 하락하고 있지만 OBV가 직전 저점수준으로 하락하지 않고 횡보하거나 오히려 상승하고 있다면 이후에 주가가 상승할 것이라 전망할 수 있습니다.

<그림 9-8>에서 2021년 1월의 주가와 OBV지표를 살펴보면, OBV 수치가 1월 11일 최고치를 기록했을 때 주가 역시 1월 11일 장중 최고치인 96,800원을 기록했습니다. 이후 2021년 2월 26일까지 주가는 단기적으로 조금 조정을 받는 모양입니다. 2021년 1월 11일의 장중 최고치인 96,800

| 그림 9-8 | 일봉차트와 OBV (2020.3.5~2021.2.26)

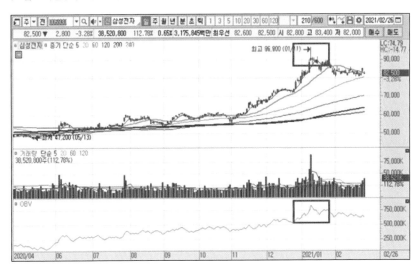

원을 다시 돌파하고 나서 계속 상승할지를 판단하기 위해 OBV지표가 1월의 최고치를 돌파하는지를 눈여겨봐야 할 것입니다.

② 활용

주가가 횡보하고 있는 박스권 상황에서 OBV가 상승하는 추세라면 이후의 주가 상승을 예상해 볼 수 있고, 반대로 주가는 박스권인데 OBV가 하락하고 있다면 이후의 주가하락을 예상해 볼 수 있습니다. 이처럼 OBV는 주가가 뚜렷하게 상승하거나 횡보하고 있지 않은 상황에서 OBV의 추세를 통해 주가의 향후 등락을 예측하는 데 활용됩니다.

OBV의 단점은 주가가 하락하여 전환할 때 OBV의 추세로는 이를 빠르게 포착하기 어렵다는 점입니다. OBV는 주가가 상승한 날의 거래량은 더하고, 하락한 날의 거래량은 빼는 식으로 누적된 수치를 사용합니다. 따라서 주가가 지속적으로 상승하며 OBV 수치가 커졌을 경우 주가가 이후에 하락하더라도 OBV의 수치는 누적된 거래량의 수치이기 때문에 OBV의 추세만을 가지고 우리가 하락전환하는 시그널을 파악하기는 어렵습니다.

공포에 사고 탐욕에 파는 법을 알려주는
모멘텀지표 2가지

유명한 격언 "공포에 사서 탐욕에 팔라"만 잘 따라도 주식투자를 통해 큰 수익을 얻을 수 있을 겁니다. 문제는 언제가 공포에 살 때인지, 그리고 언제가 탐욕에 팔 때인지를 객관적으로 판단하기 어렵다는 데 있습니다. 이번 방과 후 과정에서는 공포에 사고 탐욕에 파는 법을 알려 줄 모멘텀지표 2가지를 추가로 알아 보도록 하겠습니다.

이격도

이격도는 주가가 이동평균선과 얼마나 떨어져 있는지를 나타내는 수치입니다. 주가가 이동평균선에서 단기적으로 멀어지더라도 장기적으로는 수렴한다는 주가의 이동평균선 회귀본능을 이용한 지표입니다.

$$이격도 = (주가 / n일 이동평균선 주가) \times 100$$

이격도는 100을 기준으로 100보다 높아지면 주가의 과열로, 100보다 낮아지면 주가의 침체로 파악합니다. 투자자들이 가장 많이 활용하는 이격도는 20일 이격도와 60일 이격도입니다.

이격도를 통해 시장의 공포와 탐욕을 파악하는 방법은 장기적인 추세에서 이격도가 현재 과열 상태인지 침체 상태인지를 보는 것입니다. 〈그림 9-9〉는 2020년 1월부터 현재까지의 코스피지수 일봉차트와 이격도 20일선, 60일선을 나타낸 그래프입니다. 〈그림 9-9〉에서 급락하던 2020년 3월 이격도가 80을 하회하며 극단적인 주가의 침체 상태를 나타내고 있음을 확인할 수 있습니다. 또한 2021년 1월 주가지수가 단기적으로 급등할 때 역시 60일 이격도가 120일 이격도를 돌파하며 과열 양상을 나타낸 것을 확인할 수 있습니다.

| 그림 9-9 | 코스피지수와 이격도

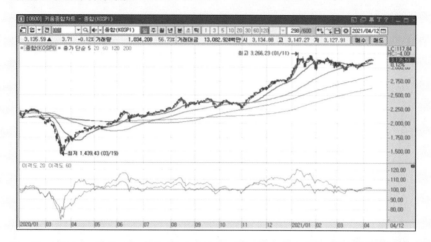

스토캐스틱 Fast & Slow

스토캐스틱(Stochastic)은 주가가 일정기간 동안의 주가 수준 중에서 어느 레벨에 있는지를 나타내는 지표입니다. 상승하는 종목은 당일 주가가 최근 주가 흐름의 최고가 부근에 위치하고, 하락하는 종목은 당일 주가가 최근 주가 흐름의 최저가 부근에 위치한다는 점에 착안한 지표입니다. 스토캐스틱은 Fast와 Slow지표가 존재하지만, 스토캐스틱 Slow가 주가의 움직임을 더 잘 설명한다고 알려져 있습니다.

$$\%K = (당일\ 종가 - 최근\ n일\ 최저가) / (최근\ n일\ 최고가 - 최근\ n일\ 최저가) \times 100$$
$$\%D = \%K를\ 이동평균한\ 값$$

스토캐스틱 수치는 0에서 100 사이를 움직이게 되는데, 25 이하를 침체권으로 보고 75 이상을 과열권으로 파악합니다. 따라서 스토캐스틱이 25 이하에 들어갈 경우 시장이 공포상태라고 인식할 수 있으며, 반대로 스토캐스틱이 75 이상일 경우 시장이 과열상태라고 인식할 수 있습니다.

| 그림 9-10 | 코스피지수와 스토캐스틱

〈그림 9-10〉은 2020년 1월부터 현재까지의 코스피지수 일봉차트와 스토캐스틱을 표시한 그래프입니다. 스토캐스틱 역시 3월 주가가 급락할 때 파란색 침체로 들어가면서 시장이 극도로 공포상태임을 표시하고 있습니다.

스토캐스틱의 단점은 과열지표가 너무 빈번하게 나온다는 것입니다. 이는 대부분의 모멘텀지표가 가진 단점이기도 합니다. RSI와 스토캐스틱 모두 상승추세에서는 과열지표가 지속됨으로 인해서 해당 지표만을 가지고 시장을 과열이라 판단하여 매도에 나선다면, 너무 빨리 주식을 파는 오류를 범할 수도 있음을 명심해야 합니다.

차트에 보조지표를 어떻게 추가하나요?

1. 종합차트 화면을 열고, 화면 좌측 상단의 '좌측메뉴 보이기/감추기'를 누릅니다.

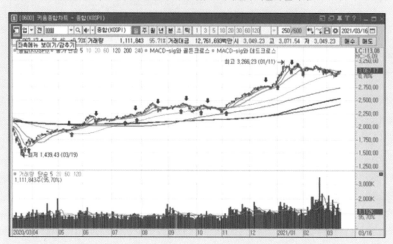

2. 추가하고 싶은 기술적 분석 툴을 입력해 추가할 수 있습니다. 대괄호 [ ]는 보조지표에 대한 분류입니다. [기]는 기술적 분석을, [신]은 신호검색을, [강]은 강세,약세를, [시]는 시스템트레이딩의 약자입니다.

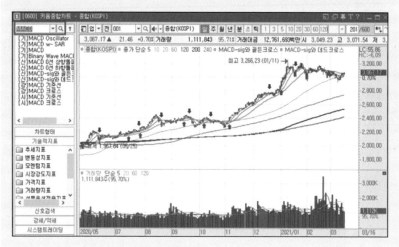

3. 원하는 메뉴를 추가하기 위해서는 검색한 뒤에 나타난 결과에서 원하는 지표를 선택합니다. MACD 지표가 추가된 것을 확인할 수 있습니다.

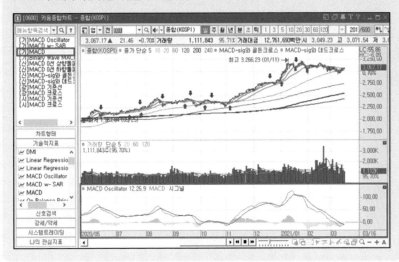

주식유치원
졸업

주식유치원에 입학해서 계좌를 만들고 1학년부터 3학년까지의 과정을 거치며 투자아이디어부터 주식의 기본적 분석과 기술적 분석까지 배워 보았습니다. 주식투자가 어려운 이유는 합리적인 투자자가 비합리적으로 투자의사 결정을 내리기 때문입니다. 비합리적인 투자의사 결정을 내리는 이유는 투자에 있어 우리의 감정과 나쁜 습관들이 개입되어 처음 세운 원칙을 지키기 어렵게 만듭니다. 마지막 졸업반에서는 잊어서는 안 될 주식투자 원칙에 대해 배워 보도록 하겠습니다.

10장

주린이를 위한 투자원칙
5가지

기본적 분석과 기술적 분석만 잘한다면, 항상 좋은 수익을 거둘 수 있을까요? 만약 그렇다면 기본적 분석과 기술적 분석을 열심히 공부한 투자자 대부분은 늘 좋은 수익을 거둬야 할 겁니다. 하지만 현실의 주식투자는 그렇게 쉽지 않습니다. 그 이유는 바로 주가의 변동성이 투자자들의 심리를 흔들려 놓기 때문입니다. 기업에 대해 공부하여 기본적 분석으로 가치를 평가하고, 차트분석을 통해 시장의 과열과 공포를 체크한다 해도 정작 내가 보유한 주식이 높은 변동성을 보이면 이성적으로 생각했던 것과 다르게 주식을 비이성적으로 사고팔게 되기 때문입니다.

사실 초 단위로 나의 자산이 적게는 몇만 원, 많게는 수천만 원 혹은 수억 원이 올라갔다 내려갔다 하는 주식시장에서 심리적으로 냉정함을 유지하기는 참 어렵습니다. 주식투자는 투자에 대한 지식 못지않게 나만의 투자원칙을 세우고, 그 투자원칙을 지켜나감으로써 심리에 휘둘리지 않고 원칙대로 투자하는 것이 중요합니다. 지금부터 초보투자자들의 실전 주식투자에 피가 되고 살이 되는 투자원칙 5가지를 알아보겠습니다.

매수하는 종목의 수를
3~5개 사이로 한정하자

"계란을 한 바구니에 담지 마라"는 투자 격언이 있습니다. 투자금을 전부 한 종목에 투자하지 말라는 의미죠. 집중투자와 분산투자는 투자수익률에 결정적인 영향을 미치기 때문에, 투자원칙을 정하는 데 있어 매우 중요합니다. 그렇다면 도대체 몇 종목에 투자하는 것이 적절할까요? 이는 투자금액, 투자실력에 따라 달라질 수 있습니다.

① 한두 종목에 투자하는 것은 위험하다

주식투자로 큰 부를 이룬 투자 고수들의 성공스토리를 들어 보면 대부분 큰 자산을 형성하는 초기에는 소수의 종목에 집중투자했음을 알 수 있습니다. 하지만 초보투자자가 한두 종목에 집중투자하기에는 종목분석의 오류와 시기판단의 오류를 범할 가능성이 높습니다.

종목분석의 오류는 말 그대로 내가 해당 기업의 가치를 잘못 판단할 가능성입니다. 우리는 회사에 대한 기본적 분석에 최선을 다해야 하지만, 내가 평가한 기업의 가치가 틀릴 수 있음을 늘 인지해야 합니다. 사업보고서를 열심히 읽고, 재무제표를 열심히 뜯어 보아도 내가 그 기업에 대해 100% 파악하기는 불가능하기 때문입니다.

시기판단의 오류란 내가 투자한 기업이 시장에서 언제 주목을 받을지 정확히 알 수 없다는 것입니다. 주식시장에는 늘 주도주*가 있고, 투자자들이 좋아하는 테마가 존재합니다. 내가 투자한 기업에 대해 시장이 관심을 갖지 않을 경우 꽤 오랫동안 주가는 오르지 않을 수도 있습니다. 다른 종목들이 크게 상승할 때 내가 투자한 기업만 주가 변동이 없다면, 이 또한 큰 기회비용을 날리는 셈입니다. 이러한 이유로 초보투자자라면 한 종목에 집중 투자하는 것은 피해야 합니다.

📍 **짚어보기** 주식시장의 대세상승기에서 가장 높은 주가수익률을 기록하는 종목 혹은 종목군을 이야기합니다. 2020년 3월 코로나19 위기 이후 주가가 크게 상승할 때 BBIG라 불리는 배터리, 바이오, 인터넷, 게임 섹터의 종목이 주도주라 불렸고, 2020년 하반기부터는 반도체와 전기차 그리고 화학 업종이 높은 주가상승을 보이며 주도주에 편입하였습니다.

② 심한 분산투자도 바람직하지 않다

많은 초보투자자들이 처음에는 1~2종목으로 투자를 시작합니다. 하지만 매일매일 주가의 움직임을 보고 뉴스를 들으면서 반도체가 좋다고 하니 반도체 관련 주식을 사고, 전기차가 좋다고 하니 전기차 관련 주식을 삽니다. 그렇게 좋아 보이거나, 좋다는 이야기를 들은 주식들을 사다 보니 어느새 종목의 수가 10개를 훌쩍 넘는 상황이 됩니다. 주식을 신나게 매수하지만, 정작 그 기업이 어떤 비즈니스 모델을 가지고 무엇을 판매하고 수익을 얼마나 내는지는 모르는 상황이 됩니다.

이렇게 투자하는 종목의 수가 많아지면 각 종목을 공부하기는커녕, 뉴스도 찾아보기 힘들어집니다. 어떤 기업에 투자했다면 해당 기업의 분기 보고서를 통해 기업의 영업상황을 체크함은 물론이고, 매일 쏟아지는 기업관련 뉴스와 증권사 애널리스트의 보고서 등을 끊임없이 추적해야 합니다. 또한 차트분석을 통해 현재 주가가 어떤 상황에 있는지 분석하는 것도 필요하고요. 하지만 투자하는 종목의 수가 많아진다면 시간이 부족해 이런 것들을 파악하기가 어렵습니다.

초보투자자라면 3~5개 기업에 투자하는 것이 좋습니다. 3~5개 기업을 선정할 때는 분산의 효과를 누리기 위해 업종이 다른 종목에 투자해야 합니다. 5종목을 사는데 모두 반도체 산업과 관련된 종목을 샀다면 진정한 분산이라고 볼 수 없습니다. 반도체 종목을 한 종목 포트폴리오에 편입했다면 다른 4종목은 자동차, 에너지, 화학, 철강, 소재, 금융, 소비재 등 다른 산업에서 선택하는 것이 진정한 분산투자의 의미입니다.

소수의 종목에 투자하면서 관련 기업의 실적을 꾸준히 추적하고, 차트를 분석하며 투자실력을 기르세요. 그렇게 주식투자로 몇 년간에 걸쳐 꾸준한 수익을 냈다면 그동안 나만의 투자관이 쌓이게 됩니다. 나만의 투자원칙과 투자관이 정립되면 그때는 몇 종목에 투자할 것인지 스스로 결정할 수 있습니다. 투자금액, 투자방법, 투자원칙에 따라 투자하는 종목의 숫자는 다를 수 있지만 초보투자자라면 한 종목에 집중투자하거나, 너무 많은 종목에 분산투자하는 것은 바람직하지 않습니다.

현금을 또 하나의 종목이라 생각하자

초보투자자들이 어려워하는 것 중 하나가 바로 현금관리입니다. 주식이 오를 것 같으면 계좌에 있는 현금을 100% 소진해서 주식을 사야 하고, 주식이 떨어질 것 같으면 계좌의 주식을 전부 다 팔아서 현금을 100% 만들어야 하지 않느냐고 생각하기 때문입니다. 하지만 주식의 고점이 어디일지 또 저점이 어디일지를 매번 정확히 맞힐 수 있는 투자사는 존재하지 않습니다.

① 현금관리가 왜 중요할까?

주식의 고점과 저점을 정확하게 알 수 없기에 계좌의 현금을 관리하는 것이 중요합니다. 주식은 변동성이 큰 투자상품입니다. 하루에 30%가 오를 수도 있고, 30%가 하락할 수도 있습니다. 따라서 계좌에 적절한 현금을 보유하며 주식의 변동성에 대응하는 것이 계좌수익률을 지키는 방법입니다.

현금 역시 하나의 종목처럼 생각하면서 가지고 가야 합니다. 또한 단순히 현금비중을 유지하는 것이 아니라 종목을 샀다 팔았다 하듯 현금도 비중을 조절해야 합니다. 현재 주식시장이 상승장이라고 판단되면 보유한 현금을 사용해서 계좌 내 현금비중을 낮추고, 현재 주식시장이 하락장에 접어들었다 생각되면 보유한 주식을 현금화하여 현금비중을 높이는 것이 필요합니다.

상승장에서는 주가가 계속해서 오르기 때문에 투자자들은 수익률에 취해 앞으로도 계속 상승할 거란 기대를 하게 됩니다. 따라서 계좌에 있는 현금이 아깝게 느껴지죠. 자연스레 '저 돈으로 어제 주식을 샀으면 얼마를 벌었을 텐데' 하는 생각을 하게 됩니다. 하지만 상승장에서도 단기적인 주식시장의 급락은 늘 발생합니다. 만약 주가지수가 하루에 3%씩 하락하는 급락장이 왔을 때 계좌에 현금이 하나도 없는 투자자라면 주가하락에 대응하기가 어렵습니다. 반면 주가가 상승할 때마다 보유한 주식을 조금씩 매도하며 현금을 마련해 둔 투자자라면 이러한 주식시장의 변동성을 이용해서 다시 주식을 매수할 기회로 삼을 수 있습니다.

또한 계좌에 현금을 일정 비중 가지고 있으면 주가가 하락할 때 심리적으로 덜 동요하게 됩니다. 주가가 하락해도 또 다른 저점 매수의 기회로 삼으면 된다고 생각할 수 있기 때문입니다. 반대로 주식 100%로 계좌를 운영하고 있거나, 심지어 주식담보대출을 통해 주식을 샀다면 주가가 하락할 때 심리적으로 매우 쫓기게 되어 잘못된 판단을 할 가능성이 높습니다.

② 적절한 현금비중은 몇 %가 좋을까?

일반화해서 말하기는 어렵지만, 상승장에서는 포트폴리오의 10~30% 정도를, 하락장에서는 포트폴리오의 30~50% 정도를 현금화해 두는 것이 좋습니다. 다만 상승장에서도 주가지수가 과열국면에 있을 때와 완만한 상승을 보일 때를 판단할 수 있어야 합니다. 완만한 상승을 보이던 주가가 과열국면에 돌입했다고 생각하면 현금비중을 10%에서 30%까지 늘려야 합니다. 반대로 하락장에서는 주가가 다시 상승하는 모습을 보일 때까지 현금을 아껴 두어야 합니다. 그렇다면 주가가 하락할 것이라고 예상되는 하락장에서도 굳이 현금비중을 50% 보유하는 이유는 뭘까요? 하락할 것으로 예상한다면 주식을 전부 팔아야 하는 것 아닐까요?

이는 앞에서 설명한 것처럼, 계좌에 주식이 하나도 없는 상태에서 사람의 심리가 주식을 바닥에서 매수하려고 하기 때문입니다. 주식을 바닥에서 살 수만 있다면 최상의 결과를 얻겠지만, 주식의 바닥이 어디인지, 고점이 어디인지를 맞추기란 매우 어렵습니다. 계좌에 주식비중이 0%인 투자자가 바닥을 노리고 현금을 사용하시 않았는데, 주기기 내 예상보다 더 높은 가격에서 반등을 시작한다면 과연 이 투자자는 주식을 그때 바로 살 수 있을까요? 아마 '어제는 이것보다 더 싸게 살 수 있었는데 지금은 너무 주식이 올랐어'라고 생각하며 주식을 매수하지 못할 가능성이 큽니다. 하지만 한 번 반등을 시작한 주식은 계속해서 오르기만 하고, 결국 주가가 한참 오른 뒤에서야 주식을 매수할 가능성이 크죠.

계좌가 주식 100%여서 현금이 하나도 없다면 양손 가득 무언가를 쥐고 있는 것과 마찬가지입니다. 주식의 상승을 놓치지 않겠다는 욕심으로 가득 찬 상태는 아닌지 돌아봐야 하죠. 반대로 주식이 하락할 것을 예상에서 현금 100%인 상황이라면 내가 바닥만을 기다리고 있는 건 아닌지 생각해 봐야 합니다. 적절한 현금비중을 계좌에 유지한다면, 주식의 변동성에 대응할 수 있을 뿐만 아니라 나의 욕심을 컨트롤 하는 데도 큰 도움이 될 것입니다.

🌐 여기서 잠깐

언제가 최저치인가요?

2020년 3월 코로나19로 인해 주가지수가 폭락하던 때를 잠시 떠올려 보겠습니다. 2020년 2월 중순까지 2,000선을 유지하던 코스피지수는 2월 말 3%나 하락하며 2월 28일 1,987포인트로 2월을 마무리했습니다. 3월 초 2,000포인트를 회복하며 반등하는 듯했던 코스피지수는 3월 11일부터 급락을 시작하여 3월 19일 장중 최저치인 1,439포인트를 기록하고 3월 19일 1,457포인트로 마감됩니다. 돌아보았을 때 3월 19일이 절호의 기회였습니다.

현금만 100% 들고 있던 투자자라면 과연 3월 19일이 코스피지수의 최저치임을 알 수 있었을까요? 지수가 1,500을 깨면서 하락하자 '지수가 1,000포인트까지 가지는 않을까' 하는 마음에 주식을 매수하기 어렵지 않았을까요? 계좌에 주식이 하나도 없다면 최저점에서 주식을 사고 싶은 욕심 때문에 주가가 이미 충분히 하락했음에도 불구하고 주식을 사지 못하게 됩니다. 주가의 고점과 저점은 아무도 맞출 수 없다는 걸 머리로는 알지만, 사람의 심리는 최대한 최저점에서 주식을 사고 싶어 하기 때문입니다.

대세상승장과
대세하락장을 구분하자

대세상승장이란 주가지수가 꾸준히 우상향하는 상황을, 대세하락장이란 주가지수가 계속해서 하락하는 상황을 표현합니다. 대세상승장 혹은 대세하락장은 주가지수의 월봉차트를 보면 쉽게 확인할 수 있습니다.

| 그림 10-1 | 코스피지수 월봉차트와 대세상승기

〈그림 10-1〉은 2000년부터 2021년까지의 코스피지수 월봉차트입니다. 〈그림 10-1〉을 보면 우리나라의 대세상승장이 언제였는지 확인할 수 있습니다. 20년 동안 대세상승장은 크게 2003년 3월부터 2007년 11월까지, 2009년 3월부터 2011년 2월까지, 그리고 2020년 3월부터 현재까지 총세 번으로 볼 수 있습니다. (2017년 초부터 2018년 중반까지도 잠시 상승하는 모습을 보였지만 대세상승장이라고 하기에는 상승폭이 작았습니다.)

2003년 3월부터 2007년 11월까지 4년 8개월 동안의 대세상승장에서 코스피지수는 사상 처음으로 2,000포인트를 돌파했습니다. 2007년 11월부터 2008년까지는 세계경제가 금융위기라는 초유의 사태로 크게 위축되는 모습을 보였지만 금융위기를 극복하는 과정에서 2009년 3월부터 2011년 4월까지 주가지수는 다시 1,000포인트 가량 크게 상승했습니다.

그리고 마지막으로 2020년 3월 코로나19로 인해 전 세계 주식시장이 급락하던 상황에서 미국을 비롯한 주요 중앙은행들의 적극적인 통화완화 정책과 세계 주요국들의 확장적 재정정책에 힘입어 2021년 2월까지 주가지수는 큰 상승을 보이고 있습니다. 2020년 3월 이후의 주식시장을 대세상승장이라 표현하는 이유입니다.

① 지수로 대세 파악하기

지수의 월봉차트를 보면 현재 시장이 어느 국면에 있는지 판단할 수 있습니다. 현재가 대세상승기인지, 대세상승기라면 초입국면인지 진행중인 상황인지 판단할 수 있는 것이죠. 모든 시작에는 끝이 있는 것처럼 영원히 상승할 것처럼 느껴지던 주식시장에도 겨울은 찾아옵니다. 2003년부터

2007년까지 무려 4년 8개월가량 이어진 대세상승장 뒤에는 2008년 금융위기라는 짧지만 강한 조정장이 있었고, 2009년 3월부터 2011년 4월까지 이어진 대세상승장의 끝에도 역시 2011년 8월과 9월 미국의 신용등급 강등에 따른 주가지수의 가파른 조정이 연출됐습니다.

그렇다면 2020년 3월 코로나19 위기를 극복하는 과정에서 시작된 현재의 대세상승장은 그 끝이 언제일까요? 코스피지수가 3,400포인트에 이르면 끝일까요? 아니면 한 번도 가 보지 않았던 4,000포인트에 이르면 끝이 날까요? 2000년 닷컴버블 당시 코스닥지수는 무려 2,920포인트를 기록했고 이 지수는 2021년까지도 깨지지 않고 남아 있습니다. 2021년 2월 현재 코스닥지수가 930포인트임을 감안하면 2000년 당시 2,920포인트가 얼마나 높은 수치인지 알 수 있습니다. 2000년 닷컴버블 때 코스닥지수가 2,900포인트까지 갈 것이고 거기서 버블이 꺼질 것이라고 예측한 사람이 있을까요? 버블의 끝이 언제일지는 아무도 알 수 없는 것처럼, 대세상승장에서도 지수가 최고치에 얼마를 기록할지 예측할 수 있는 투자자는 없습니다.

② 지수 외에 봐야 할 일드갭

지수를 보면서 대세상승장이 끝났다고 판단하기는 어렵습니다. 그럼 무엇을 봐야 할까요? 지금이 주식투자를 계속해도 괜찮은 시기인지를 볼 때 가장 많은 투자전문가들이 참조하는 것이 바로 일드갭(Yield Gap)입니다. 일드갭이란 주식투자의 기대수익률과 채권수익률의 차이를 말합니다.

'돈은 스마트하다'라는 이야기가 있습니다. 자본주의 사회에서 수익과

위험을 면밀하게 따지는 스마트머니®들은 항
상 존재하고, 이 스마트머니들은 기대수익률
과 기대위험을 비교하며 가장 좋은 투자처로
몰린다는 말입니다. 만약 주식투자의 기대수

⊙ 짚어보기 단기 차익을 노리고
고수익을 얻으려는 기관이나 개인
투자자들이 장세 흐름을 신속하
게 판단하여 투자하는 자금을 말
합니다.

익률이 높고, 채권의 수익률이 낮다면 위험을 조금 감수하더라도 높은 수
익을 추구하는 자금이 많아질 것입니다. 반대로 주식투자의 기대수익률
은 낮은데 채권수익률이 높아진다면, 군이 위험을 감수하며 주식투자를
하려는 자금들이 많지 않겠죠. 많은 자금이 주식에서 채권으로 향하게 됩
니다. 주식시장도 하나의 큰 시장이기 때문에 수요와 공급에 의해서 주식
가격이 정해집니다. 주식의 수요인 자금이 주식시장에서 계속 빠져나
간다면 수요가 줄기 때문에 결국 주식가격도 하락하게 됩니다. 따라서 주
식투자자로서 지금이 주식투자를 계속해도 괜찮은 시기인지는 일드갭을
잘 살펴봐야 합니다.

　일드갭은 주식투자의 기대 수익률과 채권수익률의 차이라고 했습니
다. 그렇다면 주식투자의 기대수익률은 어떻게 구할까요? 주식투자의 기
대수익률을 구하는 방법은 PER의 역수를 구하는 것입니다. 2021년 2월
26일 종가 기준 코스피에 상장된 전 종목의 시가총액은 합은 2,080조 원
이었습니다. 증권사 애널리스트들이 추정한 코스피 상장사 230곳의 2021
년 예상순이익은 약 130조 원입니다. 이를 기준으로 2021년 코스피의 예
상 PER를 계산해 본다면 약 16배가 됩니다. 물론 코스피시장에 상장된 종
목의 수는 921개 종목인데 비해서 증권사 애널리스트가 추정한 기업의 숫
자는 230곳이라 정확한 계산은 아닙니다. 하지만 애널리스트들이 추정한

기업인 230곳의 순이익이 코스피 상장사 순이익 합의 거의 대부분을 차지할 것이기 때문에 계산의 오차는 그리 크지 않을 것입니다. 결국 코스피의 PER가 16배라는 말은 PER를 역산한 수치인 6.06%가 코스피지수의 기대수익률이란 뜻입니다.

그렇다면 채권수익률은 어떻게 구할까요? 보통 일드갭 계산은 국고채 3년물 금리를 사용합니다. 한국은행 통계시스템에서 조회한 2021년 2월 26일 기준 국고채(3년)물의 수익률은 1.020%입니다. 따라서 2021년 2월 말 기준 국내 주식시장 기대수익률과 채권수익률의 차, 즉 일드갭은 대략 5% 수준임을 확인할 수 있습니다.

일드갭은 절대치보다 상대적인 추세를 보는 것이 중요합니다. 일드갭이 줄어들고 있다면 점점 주식에 대한 매력도가 줄어들고 있는 상황이라고 판단할 수 있고, 일드갭이 높다면 그만큼 채권 대비 주식에 대한 매력도가 올라가고 있다고 판단할 수 있습니다. 일드갭은 한 나라의 시장에서 주식, 채권에 대한 매력도를 판단할 뿐 아니라 나라 간의 비교를 통해 어떤 나라의 주식시장이 더 매력적인지를 판단하는 데도 사용됩니다. 예를 들어, 우리나라의 일드갭이 5%인데 대만의 일드갭이 3%라면 대만 대비 우리나라의 주식시장에 대한 매력도가 더 높다고 판단할 수 있는 것이죠.

주식의 가격이 계속 상승하여 시가총액이 증가하는 만큼, 기업들이 벌어들일 예상이익이 증가하지 않는다면 결국 기업의 시가총액을 기업들의 예상순이익으로 나눈 PER지수가 올라가게 됩니다. PER의 상승은 주식투자 기대수익률의 하락을 의미하죠.

따라서 주가가 계속 상승하는데 비해서 애널리스트들의 기업이익 추정치가 상승하지 않는다면, 주가지수에는 부담으로 작용하게 됩니다. 그리고 과거에 비해 계속해서 줄어들던 일드갭이 어떤 임계치에 오게 되면 스마트머니들은 주식시장을 떠나 채권시장으로 옮겨 갑니다. 그렇게 돈의 움직임이 시작되면 대세상승장은 끝이 날 것입니다. 정확히 대세상승장이 언제 끝날지는 알 수 없습니다. 그렇기 때문에 우리는 더욱 일드갭 수치를 주의 깊게 관찰해야 합니다.

주식투자 일지를
작성하자

투자일지란 주식투자를 하며 내린 판단과 행동들을 일기로 기록하는 것입니다. 투자일지를 작성하는 이유는 감에 의존하는 판단과 감정적인 대응을 최대한 피하고, 원칙대로 대응하기 위함입니다. 주가가 갑작스럽게 급락하거나 급등하면, 누구나 처음 계획했던 것과 다르게 마음이 흔들리기 마련입니다. 주가가 급락하게 되면 더 수식이 빠질까 석성이 돼서, 급등하면 주가가 더 많이 오를까 욕심이 나서 원래 세운 원칙대로 대응하지 못하게 됩니다. 투자일지는 갈대 같은 마음의 중심을 지키는 구심점 역할을 해 줍니다.

① 투자일지는 왜 써야 하나요?

앞에서 배운 3가지 투자원칙은 듣기에는 쉽지만 막상 주식투자에 나서게 되면 이 간단한 원칙들도 지키기가 매우 어렵습니다. 좋아 보이던 주식이 하락하면 주가가 싸게 느껴져 매수하고, 친한 친구로부터 좋은 종목을 전해 듣고 매수하고, 유튜브에서 누군가 종목을 추천하면 매수하고, 이런 식으로 투자종목 수가 늘어나기 십상입니다. 현금비중을 유지하기도 막상 어렵습니다. 틈날 때마다 계좌의 현금으로 주식을 매수하거나, 향후 주가가 더 올라갈 거란 욕심에 주식을 팔지 않아서 계좌에 현금은 늘 부족합니다. 이렇게 원칙을 잘 지키지 못하는 상황에서 도움이 되는 좋은 방법은 바로 투자일지를 작성하는 것입니다.

② 무엇을 쓰면 좋을까요?

주식을 사거나 팔았다면 투자일지에 종목명과 매매금액, 매매날짜, 매매한 이유 등을 작성하면 됩니다. 여기서 중요한 것은 단순히 매매금액을 적는데 그치면 안 된다는 것입니다. 투자일지를 작성하는 이유는 내가 계획적으로 주식을 매매했는지, 아니면 갑작스러운 주가의 움직임에 현혹되어 투자원칙을 무시한 채 주식을 매매했는지 살펴보기 위함입니다.

이렇게 투자일지를 작성하면 앞서 세웠던 투자원칙인 종목의 수를 5개 이하로 한정하는 것, 현금비중을 유지하는 것을 잘 지킬 수 있습니다. 원칙은 세우는 것보다 지키는 것이 훨씬 어렵습니다. 투자일지를 통해 원칙을 지키는 투자자가 되어 보는 건 어떨까요? 이번 장의 마지막 방과 후 과정에서는 함께 투자일지를 작성해 보도록 하겠습니다.

수시로 주가를
확인하지 말자

주가를 하루에 몇 번이나 확인하나요? 기업의 장기적인 성장을 믿고 주식을 샀지만, 하루하루의 주가 움직임에 일희일비할 수밖에 없는 것이 사람 마음입니다. 기업의 장기적인 성장은 눈에 보이지 않지만, 당장의 내 주식 계좌의 평가잔고는 확인이 가능하기 때문입니다. 하루에도 내 자산이 오르고 내리기를 반복하니 확인하지 않기가 참 어렵습니다.

① 실시간으로 주가를 확인한다고요?

주가를 하루에 여러 번 확인하는 것은 자기 어깨에 계속해서 돌을 얹어 자신을 피로하게 만드는 행위임을 자각해야 합니다. 주식투자자라면 모두가 주식투자를 통해 수익을 얻어 행복해지기를 원합니다. 행복해지기 위해서 하는 주식투자가 오히려 나를 우울하게 하고 매일 스트레스를 받게 한다면 잘못된 것 아닐까요?

주가를 자주 확인하게 되는 것은 요즘은 시간과 장소에 상관없이 주식을 사고팔 수 있는 편리성이 높아졌기 때문입니다. 인터넷만 접속된다면 언제 어디서나 HTS 혹은 MTS를 통해 주식을 매매할 수 있는 편의성이 오히려 우리의 일상을 지배하는 상황이 된 거죠. 마치 스마트폰이 생기면서 우리의 일상이 편해졌지만, 그만큼 스마트폰에 중독되어 살아가는 것과 비슷합니다.

하루 종일 주가를 보고 있으면 일상생활에 지장을 줄 뿐만 아니라 이성적인 판단으로 투자를 이어나가기 어려워집니다. 기본적 분석과 기술적 분석을 열심히 해서 매수한 회사이지만 매일매일 주가의 등락을 지켜보다 보면 어느샌가 내가 매수한 이유는 잊어버리고 주가의 등락에 마음의 평온을 잃어 뇌동매매하기 쉽습니다.

② 그렇다면 무엇을 확인하면 좋을까요?

투자자로서 매일 확인해야 하는 것은 사실 주가가 아니라 기업입니다. 내가 투자한 기업에 대해 새로운 뉴스나 애널리스트 보고서가 나왔는지 살펴봐야 합니다. 회사에서 신규 공시를 했는지 체크하는 것은 필수입니다. 그 밖에도 기업이 정기적으로 IR(Investor Relation, 기업이 투자자들에게 기업을 알리는 자료, 혹은 그런 활동을 말합니다)자료를 공개한다면 이 또한 찾아봐야 합니다. 회사 제품이 소비재라면 직접 해당 제품이 잘 팔리고 있는지 쇼핑몰에서 판매순위를 확인하거나 마트에 가서 소비자들의 반응을 확인해 볼 수도 있습니다. 잡플래닛 같은 채용정보 사이트에서 기업에 대해 사람들이 어떻게 생각하고 있는지를 통해 기업 내부 분위기를 간접적으로 파악할 수도 있겠죠.

하루에도 여러 번 주가를 확인하며 감정의 기복을 많이 느끼고 있다면, 아마 여러분은 투자보다는 투기에 가까운 주식수익률게임을 즐기고 있는 것인지도 모릅니다. 주식투자로 큰 재산을 만든 투자의 대가들은 한결 같이 주식을 사고파는 수익률의 대상이 아니라, 기업의 성장을 믿고 그 과실을 향유하는 주주였다는 사실을 잊지 말아야겠습니다.

투자일지 작성하기

이번 방과 후 과정에서는 투자일지 작성법을 소개하고자 합니다. 투자일지를 작성하는 방법에 정답은 없습니다. 컴퓨터 엑셀에 기록해도 좋고, 휴대폰 메모에 기록해도 좋습니다. 일정한 형식을 갖추지 않아도 좋고, 형식을 갖추어 작성해도 좋습니다. 투자일지 작성에 있어 중요한 것은 방식이 아니라 작성하는 목적이기 때문입니다.

앞에서 투자일지를 작성하는 목적은 매일의 주가흐름을 보면서 투자원칙을 지키지 못하고 손쉽게 매수하거나 매도하는 투자행태를 반복하는 것을 방지하기 위함이라고 했습니다. 형태가 어떻든 간에 매매를 기록한다는 사실 자체만으로 내가 투자원칙을 지키게 된다면 투자일지의 소임은 다했다고 볼 수 있습니다.

다만 보기 좋은 떡이 먹기에도 좋다는 속담처럼, 깔끔하게 정리된 투자일지는 나의 매매습관 뿐만 아니라 시장의 움직임을 관찰, 기록함으로써 주식시장을 보는 나의 실력을 길러 줄 것입니다.

투자일지는 크게 매매기록과 시장기록으로 나눠서 적을 수 있습니다. 첫 번째 매매기록 칸에는 주식을 사거나 팔았다면 매매한 날짜와 매매한 가격 및 수량 그리고 매매한 이유를 적습니다. 두 번째 시장기록 칸에는 코스피와 코스닥지수의 움직임과 그날 시장에서 있었던 주요한 이슈들을 적습니다.

투자일지 작성 예시

		매매기록	시장기록		시황/이슈
3 월 3 주 차	21.3.8 (월)	매수	코스피	2,996 (-1%)	• 미국 국채금리 상승에 따른 투자심리 불안 고조 • 미국 1조 9천억 달러 경기부양안 상원 통과
		매도	코스닥	904 (-2%)	
	21.3.9 (화)	매수	코스피	2,976 (-0.67%)	• 미국 상무장관의 강달러 발언 및 외국인 순 매도 출회 • SK바이오사이언스 청약 시작
		매도	코스닥	896 (-0.93%)	
	21.3.10 (수)	매수	코스피	2,958 (-0.6%)	• 밤 사이 나스닥 급등에도 불구하고 외국인, 기관 매물 출현 • SK바이오사이언스 청약 증거금 63조 원 (역 대 최대)
		매도	코스닥		
	21.3.11 (목)	매수	코스피	3,013 (+1.88%)	• 미국국채금리 안정 및 부양책 하원 통과 등 에 코스피 강세 • 미국 1조 9천억 달러 경기부양안 하원 통과
		매도	코스닥	908 (+2%)	
	21.3.12 (금)	매수	코스피	3,054 (+1.35%)	• 쿠팡 뉴욕증권거래소(NYSE) 상장, 시가총액 100조 원 • 유럽중앙은행(ECB) 통화완화지속 기대감 증시 강세
		매도	코스닥	925 (+1.93%)	

주식유치원 졸업사

어린아이가 유치원에 입학해서 사회생활에 필요한 기초적인 질서와 규칙을 배우는 것처럼, 주식투자를 시작하는 초보투자자들이 성공적인 주식투자를 위해 필요한 기초적인 지식과 투자방법을 설명하기 위해 이 책을 집필했습니다.

입학사에서 밝힌 것처럼, 이 책은 투자 고수들을 위한 책이 아닙니다. 이 책은 이제 막 주식투자를 시작한, 혹은 주식투자는 하고 있었지만 투자를 위해 필요한 기본적인 지식과 정보를 모르는 투자자들을 위한 책입니다. 그렇기 때문에 주식투자에 필요한 모든 내용을 다뤘다거나, 깊이 있는 투자방법을 알려준다고 말할 수는 없습니다.

단 한 권의 책으로 주식투자에 관한 모든 것을 알 수 있을까요? 주식투자에는 수많은 방법론이 존재하고, 기업의 가치를 평가하는 가치평가법은 시대에 따라 다양한 방법들이 개발되고 적용됩니다. 또한 주식시장의 흐름에 따라 성장주가 주목을 받을 때가 있고, 가치주가 주목을 받을 때가 있습니다. 주식투자의 내공은 이러한 다양한 시장을 경험하고 이를 공부하면서 내 것으로 만들 때 쌓이게 됩니다.

이제 여러분들이 할 일은 자신만의 투자원칙과 방법을 세우기 위해 더 넓고 깊은 투자의 세계로 나아가는 것입니다. 유치원을 졸업한 어린아이에게 배움의 과정이 많이 남아있는 것처럼, 주식유치원을 이제 막 졸업한 여러분에게 주식투자는 아직 배울 것이 많은 미지의 땅이기 때문입니다.

주식투자를 통해 큰 부를 이뤄 경제적으로 자유롭고 행복한 인생을 사는 것은 모든 투자자가 바라는 미래 모습일 것입니다. 주식투자가 어려운 것은 투자의 세계에는 운이란 요소가 크게 작용하기 때문 아닐까요? 실력을 아무리 키운다 하더라도 운이 좋지 않으면 돈을 잃을 수도 있고, 실력이 없더라도 운이 좋으면 큰돈을 벌 수도 있는 것처럼 보입니다.

하지만 주식투자로 큰 부를 이룬 투자자들을 보면 실력이 없던 투자자는 한 명도 없었습니다. 운으로 큰돈을 번 사람들은 지속적으로 투자수익을 내지 못하거나, 사실은 자신만의 투자원칙을 가지고 있던 사람들이었기 때문입니다.

운이 크게 작용하는 것처럼 보이지만, 투자의 세계에서 진정 중요한 것은 투자자의 실력입니다. 그리고 그 실력은 기업과 산업에 관한 끊임없는 공부와 자신만의 투자원칙, 그리고 돈의 흐름을 지속적으로 관찰하는 것에서 비롯됩니다. 이 책을 통해 주식투자에 입문하게 된 여러분들이 앞으로 더 넓은 투자의 세계를 마음껏 항해하기를 진심으로 응원합니다.